⌐E ET VIE

1. LA PASTORALE À TROIS DIMENSIONS
   Mgr Albert Ndongmo

2. L'ÉGLISE, C'EST VOUS!
   Rémi Parent

3. LE BAPTÊME, UNE INITIATION?
   Denise Lamarche

4. HUMANISATION DES MILIEUX DE SANTÉ
   Angelo Brusco

5. DES MINISTÈRES NOUVEAUX?
   En collaboration

6. LE CONCILE REVISITÉ
   En collaboration

7. INTRODUCTION AUX ÉTUDES PASTORALES
   Marcel Viau

8. DÉCOUVRIR L'EUCHARISTIE
   Jean-Yves Garneau

DÉCOUVRIR L'EUCHARISTIE

Le sens des rites

Jean-Yves Garneau

Éditions Paulines & Médiaspaul

Composition et mise en page: *Les Éditions Paulines*

Maquette de la couverture: *Antoine Pépin*

ISBN 2-89039-144-2

Dépôt légal — 4e trimestre 1987
Bibliothèque nationale du Québec
Bibliothèque nationale du Canada

© 1987 Les Éditions Paulines
       3965, boul. Henri-Bourassa est
       Montréal, QC, H1H 1L1

       Médiaspaul
       8, rue Madame
       75006 Paris

Présentation

Il existe plus d'une façon de découvrir le sens de l'Eucharistie.

Approches biblique, théologique et historique

On peut par exemple scruter les textes eucharistiques de la Bible et se mettre à l'étude des nombreuses analyses que les exégètes en ont faites. C'est l'approche biblique. Elle est excellente.

On peut aussi s'adonner à la lecture d'ouvrages écrits par des théologiens. Depuis des siècles, ils réfléchissent sur l'Eucharistie, s'efforçant de préciser ce que l'on veut dire quand on affirme qu'elle est un sacrement, une offrande, un mémorial, un sacrifice, un mystère d'unité, etc. Il y a beaucoup à apprendre en adoptant cette approche qu'on appelle théologique.

Une troisième manière de s'ouvrir à la connaissance de l'Eucharistie consiste à se référer à l'histoire. Au lendemain de la résurrection de Jésus, comment les premières communautés chrétiennes ont-elles fait mémoire de la Cène? Comment et pourquoi, au cours des siècles, la façon de faire l'Eucharistie s'est-elle modifiée? L'histoire de la messe est passionnante et très instructive.

L'approche rituelle

À ces trois approches, une quatrième peut être ajoutée, et c'est celle que nous adopterons: l'approche rituelle.

Le mot le dit, l'approche rituelle s'applique à examiner les rites de la messe pour en découvrir le sens.

Cette méthode est très concrète. Elle part de ce que nous voyons, de ce que nous faisons et de ce que nous entendons quand nous venons à la messe. Plusieurs Pères de l'Église — un saint Léon ou un saint Augustin par exemple — ont beaucoup exploité l'approche rituelle. Nous serons donc en bonne compagnie.

Richesse des rites

Les rites sont des réalités toutes simples sur lesquelles nous ne réfléchissons pas assez. Un signe de croix que l'on fait, une procession qui s'organise, un texte de l'Écriture qu'on lit, le pain qu'on apporte à l'autel, l'hostie qu'on fractionne... que cela est simple! Et pourtant chacun de ces rites cache une grande richesse de sens. Il convient donc de s'arrêter et de scruter les rites; ils disent alors beaucoup plus qu'on aurait pensé et ils engagent à beaucoup plus qu'on aurait cru.

Les rites ont une grande capacité d'évocation: rien comme un rite pour exprimer le mystère de Dieu. Les rites ont le pouvoir de révéler ce qu'il y a au plus profond d'un être: rien de mieux qu'un rite pour exprimer sa foi. Les rites provoquent volontiers à l'engagement et ils appellent au dépassement: rien ne vaut donc un rite pour pousser à l'action.

À certains, ces affirmations paraîtront peut-être exagérées. Au cours des pages qui suivent, nous espérons montrer qu'il n'en est rien.

Derniers mots de présentation

Le livre qu'on a entre les mains n'est pas de ceux qu'on gagne à absorber d'un trait. Mieux vaut l'explorer lentement, petite dose à la fois. Se nourrir d'une page seulement, jour après jour, serait le mode d'emploi idéal.

L'ordre selon lequel les rites sont présentés est celui de la messe. Il n'est pourtant pas requis de tout lire à la suite. Selon son intérêt ou sa curiosité, on peut papillonner d'un rite à l'autre.

Tous les rites de la messe ne sont pas étudiés. Un tel travail aurait exigé non pas un petit mais un gros livre. Nous espérons toutefois n'avoir oublié aucun des rites importants de l'Eucharistie.

Prélude

1. Comme un repas de famille

Entre un repas de famille ou d'amis et l'Eucharistie, il y a de grandes similitudes qu'il est intéressant de souligner. Les deux actions, par exemple, se déroulent en quatre temps.

1. Il y a d'abord le TEMPS DE L'ACCUEIL. Voici que les invités sonnent à la porte. On vient leur ouvrir. On se salue. On s'embrasse. Ce sont les retrouvailles ! Même chose à la messe. Accompagné de quelques personnes, le curé accueille les fidèles. Les fidèles se saluent entre eux. Et Dieu, par l'intermédiaire du prêtre, accueille ses enfants. Voilà la première étape de la messe. On l'appelle le RITE D'ACCUEIL ou le RITE D'OUVERTURE.

2. Après avoir accueilli les invités, l'hôte ou l'hôtesse les fait passer au salon. Et là, on jase, on cause. De tout et de rien. C'est le TEMPS DE LA PAROLE. À la messe, après le rite d'accueil, commence la LITURGIE DE LA PAROLE. Par les lectures de l'Ancien et du Nouveau Testament, par l'homélie Dieu parle à son peuple. Le peuple répond par des chants et des prières.

3. Quand on a suffisamment causé, et surtout quand les plats sont à point, les hôtes font leur apparition et invitent tout le monde à passer à table. C'est le TEMPS DU REPAS. L'Eucharistie aussi, après la liturgie de la Parole,

a son temps du repas. Il comprend trois moments: celui où l'on apporte le pain et le vin, celui où l'on proclame la prière d'action de grâce, celui où l'on partage le pain et le vin. L'ensemble s'appelle la LITURGIE EUCHARISTIQUE.

4. Puis, après un bon repas, vient le moment de retourner chez soi. Le TEMPS DU DÉPART. On a aussi dans la messe un temps de départ qu'on nomme RITE DE RENVOI ou RITE D'ENVOI. «Allez dans la paix du Christ», dit le prêtre. «Nous rendons grâce à Dieu», répond l'assemblée.

Retrouvailles, parole, repas, retour chez soi. Tels sont les quatre temps d'un repas de famille ou d'amis. Tels sont aussi les quatre temps de la messe.

2. Tout commence
par le son des cloches

Si on me demande par quoi commence la messe du dimanche, je réponds volontiers: «Par le son des cloches!»

Pourquoi «par le son des cloches»? Parce que les cloches sont la voix de Dieu qui appelle ceux et celles qui croient en lui à venir le rencontrer. Elles sont la voix du Père qui invite ses enfants à sa table.

Tous sont invités. Petits et grands, malades et bien portants, sages et moins sages, riches et pauvres, fatigués et bien reposés, saints et pécheurs. L'appel n'oublie personne. Il y a de la place pour tous au festin que Dieu donne. Comment en serait-il autrement? Dieu est Père et tous sont ses enfants.

J'ai toujours été étonné et émerveillé de la façon dont Dieu convoque les chrétiens à la messe du dimanche. Pas de pressions indues. Pas de cris à tue-tête. Pas de menaces. Pas de tordage de bras. Des cloches! Rien que des cloches. Or, même quand ça sonne un peu fort, des cloches, c'est encore très discret. Lorsque nous entendons les cloches de notre église paroissiale le dimanche, nous pouvons nous tourner de bord et continuer à roupiller. Nous savons que Dieu ne viendra pas nous sortir du lit.

Il est réservé et délicat, Dieu... comme ses cloches.

Il respecte la liberté de chacun, Dieu... comme ses cloches. Il n'aime pas, Dieu, qu'on vienne à la messe parce qu'il le faut. Il souhaite qu'on y vienne parce qu'on l'aime, lui, parce qu'on est bien auprès de lui, parce qu'on est heureux de causer et de se mettre à table avec lui.

La messe commence donc par les cloches qui sont les premières paroles de Dieu. Si nous répondons à ce premier appel, Dieu nous parlera de façon plus explicite par la suite et il nous proposera de vivre quelque chose de très profond avec lui. Mais il y a d'abord les cloches. Si nous disons non au son des cloches, Dieu n'insistera pas. Et peut-être ne saurons-nous jamais ce que nous aurons manqué pour n'être pas venus prendre notre place à la table que Dieu avait préparée pour nous.

Première partie

Le rite d'ouverture

3. «Accueillez-vous les uns les autres»

Le conseil vient de l'apôtre Paul. Cet homme ne pouvait ni imaginer ni accepter que des chrétiens se comportent comme des étrangers. «Saluez-vous. Parlez-vous. Accueillez-vous. Entraidez-vous.» C'était ses consignes.

Quand nous arrivons à la messe, le dimanche, et que nous voyons le curé, le vicaire ou quelqu'un d'autre de notre paroisse nous saluer et nous tendre la main, saluons donc nous aussi. Tendons la main nous aussi. N'hésitons pas à le faire.

Autre chose. Pourquoi ne ferions-nous pas effort de temps à autre pour prendre contact avec quelqu'un que nous ne connaissons pas encore et qui vient souvent à la messe avec nous? Qui y vient peut-être depuis des dizaines et des dizaines de fois.

Que des chrétiens — qui prient fréquemment ensemble — jamais ne se saluent, jamais ne se disent deux mots, ce n'est pas tout à fait normal. Allons donc vers ceux en qui nous reconnaissons des frères, des sœurs... à cause de Jésus Christ! Brisons la glace!

En écrivant cela, je pense à cette parole de Jésus: «Si vous ne saluez que vos frères, que faites-vous d'extraordinaire? Les païens n'en font-ils pas autant?» (Mt 5, 47) Je me rappelle aussi cette phrase de saint Jean: «Celui qui n'aime pas son frère qu'il voit, est incapable d'aimer Dieu, qu'il ne voit pas» (1 Jn 4, 20). Et je suis porté à transposer en disant: «Quand nous venons à la messe, si nous ne sommes pas capables d'accueillir et de saluer nos frères chrétiens que nous voyons, comment pouvons-nous prétendre être capables d'accueillir Dieu que nous ne voyons pas?»

Accueillir son frère, sa sœur, pour mieux accueillir Dieu. Être attentif à son frère pour mieux être attentif à Dieu. C'est de cela qu'il s'agit quand on parle de l'accueil à l'église et qu'on le favorise. Il s'agit de beaucoup plus que d'un simple geste de courtoisie.

4. La chasuble et l'étole

Pour présider l'Eucharistie, le prêtre revêt la chasuble et l'étole.

La chasuble est ce vêtement très ample dans lequel il s'enveloppe. Elle est de la couleur du temps liturgique et de la fête célébrée: rouge, verte, blanche, violette... On a dit qu'elle faisait penser à une maison ou à une tente dans laquelle le prêtre entre pour le temps de l'Eucharistie. Invitation, pour lui et pour les fidèles qui le voient, à entrer dans un monde *nouveau*: celui de Dieu.

En revêtant la chasuble, le prêtre se rappelle spontanément la parole de saint Paul: «Revêtez-vous du Seigneur Jésus Christ» (Rm 13, 14).

L'étole est une longue bande de tissu habituellement de même couleur que la chasuble. Le prêtre et l'évêque la passent derrière le cou et la laissent pendre sur le devant. Les diacres la portent en bandoulière. Elle est l'insigne qui permet de reconnaître les ministres ordonnés (évêques, prêtres, diacres).

Dans la liturgie comme dans la vie de tous les jours, le port du vêtement n'est pas chose indifférente. Le vêtement dit déjà un peu qui l'on est; il dit aussi ce que l'on fait. Pour se rendre au travail, certains portent les jeans, d'autres le complet rayé. On imagine alors qui ils sont. La même personne, qui a enfilé ses jeans pour partir en vacances, apparaîtra vêtue d'un «tuxedo» ou d'une longue robe à traîne, le jour de ses noces. À chaque circonstance son costume.

À la messe, la chasuble et l'étole ne sont donc pas sans signification. Leur fonction première est de signaler à tous que la première personne à célébrer l'Eucharistie est le Christ lui-même. Si le prêtre revêt cet ample vêtement qui le recouvre totalement, c'est pour dire aux fidèles: «Maintenant, oubliez-moi un peu et fixez votre regard sur le Christ que je représente et au nom de qui je vais agir et parler. C'est lui, le Christ, qui, en toute vérité, présidera notre célébration.»

Partout où se célèbre une Eucharistie, le Christ est présent. Il est présent, dans l'assemblée, dans la Parole... Il est aussi particulièrement présent dans la personne du prêtre.

La chasuble et l'étole nous le rappellent.

5. Le rouge, le vert, le blanc...

Certains jours, le prêtre revêt la chasuble et l'étole de couleur blanche. D'autres fois, il s'habille de rouge, de vert, de violet, de noir ou de rose.

Chaque couleur porte son message.

Le violet est pour les jours d'abstinence et de jeûne. Il est la couleur du Carême et du temps de l'Avent. Il nous rappelle que nous ne sommes pas encore des saints, que nous sommes même des pécheurs, et que nous avons, comme le Christ, à aller au désert et à nous priver de pain pour nous rapprocher de Dieu et lui demeurer fidèles.

Le rouge est la couleur du sang et du feu. Pourquoi le prêtre se vêt-il de rouge si ce n'est pour redire que le Christ nous a aimés d'un amour si brûlant qu'il en est mort sur la croix?

Le noir était autrefois la couleur des funérailles. Il nous parle de la mort. Aujourd'hui, on utilise aussi le violet — et même le blanc — pour célébrer l'Eucharistie auprès d'un défunt. C'est que, pour nous croyants, la mort n'est pas un trou noir, elle est un moment difficile à passer qui conduit vers un ailleurs.

Le blanc, c'est d'abord le jour de Pâques et durant chaque dimanche du temps pascal qu'on le met en évidence. Il chante la résurrection du Christ et notre résurrection future. À la table du banquet céleste, les élus sont vêtus de blanc.

Deux fois dans l'année (le troisième dimanche de l'Avent et le quatrième dimanche du Carême), pour inviter les fidèles à une joie discrète et paisible, le prêtre peut s'habiller de rose.

Reste le vert: le vert de nos forêts, le vert des plantes et des gazons, le vert qui proclame l'espérance et la vie. Quand nous voyons le prêtre s'avancer alors qu'il est vêtu de vert, cela donne à penser que nous sommes des hommes et des femmes à qui a été apportée une grande espérance, que nous sommes un peuple en marche que le Christ entraîne vers les verts pâturages de la terre promise.

Le vert, le rouge, le blanc, le violet, le noir et le rose: autant de couleurs qui, sur des tons différents, chantent les mystères du Christ et de son Église.

6. L'autel

Il convient de dire quelques mots de l'autel, car il est le meuble le plus important de l'église. C'est l'autel qu'on situe à la meilleure place. Tout s'organise autour de lui. Il faut que tous le voient.

Il est normal que l'autel soit recouvert d'une très belle nappe. Rien n'est trop beau pour l'autel. En particulier aux jours de fêtes, il convient de l'orner de fleurs — des vraies! Ça le met en relief.

Si l'autel est si important, c'est parce qu'il est le lieu par excellence où Dieu et l'homme se rencontrent et s'unissent, où Dieu vient vers l'homme et où l'homme va vers Dieu.

L'autel est aussi le lieu où le prêtre rend grâce avec tous les membres de l'assemblée et l'endroit où le pain devient le corps de Jésus, et le vin, son sang.

Lieu du sacrifice, l'autel est aussi le lieu du repas. Il est la table à laquelle les enfants de Dieu viennent se nourrir et boire.

Dans le Nouveau Testament, on affirme que Jésus est la «pierre angulaire» sur laquelle tout repose (Ép 2, 20). L'autel — qui est fait de pierre ou contient habituellement une pierre — représente donc le Christ.

Si l'autel est aussi riche de sens, il n'est pas étonnant

que le prêtre le baise au début de la messe. C'est un geste de vénération envers le Christ et envers son sacrifice.

Quand nous voyons le prêtre baiser l'autel, unissons-nous à lui. Nous aussi, vénérons le Christ et vénérons son sacrifice.

Souvent, avant que la messe ne commence, pourquoi ne pas fixer notre regard sur l'autel et penser à tout ce qu'il représente?

7. Le signe de la croix

«Au nom du Père, et du Fils, et du Saint-Esprit. Amen.» La messe commence par le signe de la croix. Un des plus anciens signes chrétiens. Le signe par excellence des chrétiens.

Quand nous faisons le signe de la croix, nous reconnaissons que nous appartenons au Christ, nous manifestons notre foi au Christ mort pour nous sur la croix, nous signifions notre volonté d'accueillir en nous toute la richesse de la croix et d'unir notre vie à celle du Christ mort en croix.

La croix est signe de salut, de rédemption, de résurrection.

Le signe de la croix nous rappelle notre baptême, puisque nous avons été baptisés «au nom du Père, et du Fils, et du Saint-Esprit».

Le signe de la croix nous dit ce que nous venons faire à la messe, le dimanche. Nous venons participer au sacrifice de la croix. Nous venons offrir avec tous les chrétiens le sacrifice de la croix, et nous offrir nous aussi. Nous venons relier la croix de nos vies à celle du Christ.

On l'aura remarqué: la messe, qui commence par le signe de la croix, se termine aussi par un signe de croix. Avant que tous quittent l'église, le prêtre s'adresse à l'assemblée en disant: «Que Dieu tout-puissant vous bénisse, le Père, le Fils et le Saint-Esprit. » Puis, de sa main droite, il trace sur tous un large signe de croix.

La messe est comme enrobée dans la croix. Elle débute par la croix et finit par la croix.

Nous venons donc à la messe pour célébrer le mystère de la croix. Et, après la messe, au jour le jour, nous avons à vivre sous le signe de la croix.

8. Et avec votre esprit

À plusieurs reprises durant la messe, le prêtre s'adresse à l'assemblée et lui dit: «Le Seigneur soit avec vous.» Tous répondent: «Et avec votre esprit.»

Bien des gens se demandent pour quelle raison on répond de façon aussi étonnante et aussi obscure à un souhait qui, lui, est clair et limpide. Les Anglais ne compliquent pas autant les choses. «The Lord be with you», leur dit le prêtre. Ils lui rendent son souhait en disant: «And also with you. — Et avec vous aussi.» Pas de complication. On comprend!

Nos amis les Anglais n'ont pas tort. La formule qu'ils emploient correspond même à ce que signifiait à l'origine l'expression «Et avec votre esprit». Cette expression vient en effet de l'hébreu. Et, en hébreu, le mot «esprit» désigne toute la personne. Dans sa 2e lettre à l'apôtre Timothée, saint Paul écrit: «Le Seigneur soit avec ton esprit»; ce qui veut dire: «Le Seigneur soit avec toi.»

Mais voilà qu'avec le temps, le mot «esprit» a changé de sens. Au IVe siècle, par exemple, saint Jean Chrysostome nous dit que, dans la réponse «Et avec votre esprit», le mot esprit désigne le Saint-Esprit, sans qui on ne peut rien faire et qui a été communiqué au prêtre de façon particulière pour qu'il préside l'Eucharistie au nom de Jésus.

Quand nous répondons «Et avec votre esprit», nous disons donc au prêtre: «Que l'Esprit qui t'a été donné le jour de ton ordination soit avec toi et agisse en toi pour que tu accomplisses bien ton rôle de prêtre.»

On le voit, la formule française est riche et belle. Et il faut conclure que, si les Anglais n'ont pas tort avec leur «And also with you», les Français ont aussi raison de répondre «Et avec votre esprit».

9. Au Père, par le Christ, dans l'Esprit

La messe a une structure, une orientation, un mouvement qu'il importe de connaître et d'avoir toujours en tête quand on vient célébrer à l'église.

Cette structure comporte trois points ou trois temps.

1. À la messe, *nous nous adressons* AU PÈRE. Le but de tout ce que nous faisons et disons, c'est Dieu le Père. C'est vers lui que monte notre action de grâce. C'est à lui qu'est offert le sacrifice. Sauf exception, c'est à lui que nous présentons nos demandes. Autrement dit, toute la messe est orientée vers le Père.

2. Pour aller au Père, *nous passons* PAR LE CHRIST. Nous n'allons pas au Père en ligne directe. Pour arriver à Lui, nous nous appuyons sur le Christ. Nos louanges, nos offrandes, nos prières, tout est remis entre ses mains. Il est le médiateur. Ce que nous accomplissons, nous l'accomplissons toujours avec lui, par lui, en lui.

En passant par le Christ, nous sommes assurés d'être mieux accueillis par le Père. Adressée au Père par l'intermédiaire du Christ, notre prière prend une valeur qu'elle n'aurait pas autrement.

3. Pour aller au Père par le Christ, nous faisons appel à l'Esprit. À la messe, *nous faisons tout* DANS L'ESPRIT. Sans l'Esprit, on ne peut rien faire. L'Esprit est

notre inspiration, notre moteur, notre appui. Sans lui, nous ne pourrions même pas appeler Dieu «abba — père» (Rm 8, 15). C'est l'Esprit qui nous conduit à la vérité entière (Jn 16, 13).

La messe est donc une action qui s'adresse au Père, par le Christ, dans l'Esprit. Elle nous conduit au Père, par le Christ dans l'Esprit. Elle nous unit au Père, par le Christ, dans l'Esprit. Elle nous fait rendre grâce au Père, par le Christ, dans l'Esprit.

Père, Fils, Esprit: les trois sont indispensables. Chacun des trois a son rôle propre à jouer.

La messe est une action trinitaire.

10. Endimancher son cœur

Dans un livre de l'Ancien Testament, on raconte qu'un jour, Dieu se manifesta à Moïse. Voici comment cela arriva.

Moïse aperçut un buisson qui flambait mais ne se consumait pas. Il décida de s'en approcher. La voix de Dieu se fit alors entendre: «N'approche pas d'ici! Retire tes sandales, car le lieu que foulent tes pieds est une terre sainte» (Ex 2, 5). Moïse comprit qu'on ne pouvait s'approcher de Dieu n'importe comment.

Il en va de même quand nous venons rencontrer Dieu à la messe. Nous ne pouvons nous présenter sans manières. Nous devons nous endimancher le cœur. Il existe un rite particulier pour le faire: le rite pénitentiel qui se déroule en trois temps.

Premier temps: nous faisons silence et nous nous situons devant Dieu. Nous prenons conscience de ce qu'il est et de ce que nous sommes, de ce qu'il attend de nous et de ce que nous faisons. Entre l'Évangile à vivre et ce que nous vivons, il y a toujours un écart.

Deuxième temps: nous nous reconnaissons pécheurs et nous demandons au Christ de nous faire miséricorde. «*Seigneur, prends pitié… Montre-nous ta miséricorde. Et nous serons sauvés.*»

Troisième temps: nous prions pour que le pardon divin nous soit accordé. « *Que Dieu tout-puissant nous fasse miséricorde...* »

Le rite pénitentiel n'est pas fait pour nous culpabiliser, ni pour nous démoraliser. Son but est de nous aider à nous situer de façon réaliste et vraie devant Dieu. Dieu est le Saint des saints; nous, nous ne sommes pas encore des saints. Le rite pénitentiel existe d'abord et avant tout pour nous ouvrir à l'amour miséricordieux du Père, du Fils et du Saint-Esprit.

Si durant ce rite nous confessons nos péchés, nous confessons plus fort encore la tendresse et le pardon de Dieu. Et Dieu nous manifeste sa miséricorde. Il nous endimanche le cœur. Nous pouvons alors célébrer l'Eucharistie le cœur en paix, en joie, en fête.

11. «Le plus beau chant chrétien parvenu jusqu'à nous»

On a écrit que le *Gloire à Dieu* était «le plus beau, le plus populaire et le plus ancien chant chrétien parvenu jusqu'à nous» (P. Maranguet). C'est vrai qu'il est magnifique le *Gloire à Dieu*. Rappelons-nous: «*Gloire à Dieu au plus haut des cieux, et paix sur la terre aux hommes qu'il aime. Nous te louons, nous te bénissons...*»

Un *Gloire à Dieu* joyeux et entraînant, un *Gloire à Dieu* chanté à plusieurs, unanimement, de tout cœur, un *Gloire à Dieu* plein d'élan et d'entrain... c'est vraiment beau.

Le *Gloire à Dieu* a une très longue histoire. Il a d'abord été chanté par les chrétiens des tout premiers siècles, lors de la prière du matin qu'ils faisaient en privé ou en commun. Il a ensuite été intrégré à l'office du matin qu'on appelle les Laudes (la prière de louange du matin). Longtemps, tous les chrétiens — laïques et clercs — ont récité cet office ensemble. Puis vint un temps où il fut réservé aux clercs.

Mais les chrétiens aimaient tellement le *Gloire à Dieu* qu'on décida de l'introduire dans la messe. C'est d'abord à la messe de Noël — et uniquement à cette messe — qu'on l'a chanté. On comprend pourquoi: les mots des deux premières lignes du *Gloire à Dieu* correspondent à ceux que les anges ont chantés la nuit où Jésus est né.

« Et soudain, il y eut avec l'ange une troupe céleste innombrable qui louait Dieu en disant: Gloire à Dieu... » (Lc 2, 14).

On trouvait toutefois que c'était insuffisant. On permit donc aux évêques de chanter le *Gloire à Dieu* aux jours de grandes fêtes. On accorda ensuite la même faveur aux prêtres. Depuis bien longtemps, on le chante tous les dimanches, sauf durant le temps de l'Avent et du Carême.

Pourquoi, chaque matin, ne réciterions-nous pas le *Gloire à Dieu*? C'est ce que faisaient les premiers chrétiens. Et ils s'en portaient très bien.

12. Un chant qui donne le ton

Le *Gloire à Dieu* s'adresse au Père, au Fils et au Saint-Esprit. Il est trinitaire. Il ne fait cependant que mentionner le Saint-Esprit. Il parle surtout du Père et du Fils.

Tout commence par des louanges adressées à Dieu le Père. Il y en a ! « Nous te louons, nous te bénissons, nous t'adorons, nous te glorifions, nous te rendons grâce... » Presque tout le vocabulaire de la louange y passe. La personne qui a composé le *Gloire à Dieu* était très inspirée.

Viennent ensuite des demandes très simples présentées au Fils. « Prends pitié de nous... reçois notre prière... » Il faut remarquer comment ces demandes sont enrobées dans une pléiade de mots et d'expressions qui disent qui est le Christ, ce qu'il fait, ce qu'il est devenu. Il est le Seigneur, le Fils unique, le Seigneur Dieu, l'Agneau de Dieu. Il enlève le péché du monde. Il est assis à la droite du Père. Il est le seul saint, le seul Seigneur, le Très-Haut.

Ce qui frappe dans le *Gloire à Dieu,* c'est évidemment son caractère joyeux. C'est plein d'entrain un *Gloire à Dieu.* Ça met le cœur en fête, ça donne le ton à toute la messe.

On l'a dit et redit depuis le concile Vatican II: la messe n'est pas, ne doit pas être quelque chose de triste. Elle est une action foncièrement joyeuse. On vient à la messe pour rendre grâce à Dieu, pour le louer, le chanter, le glorifier, le remercier, l'acclamer, le célébrer. C'est ce que fait le *Gloire à Dieu,* dès le début de la messe. C'est ce que fera, de façon plus explicite encore, la grande prière eucharistique. Le *Gloire à Dieu* est un avant-goût de la prière eucharistique.

Chanter avec enthousiasme un *Gloire à Dieu* en compagnie d'autres chrétiens ne peut être que réjouissant et réconfortant. Chanter de bon cœur le *Gloire à Dieu* aide à être heureux.

13. N'oublions pas de chanter

Nous aimons qu'un soliste chante à l'église. S'il a une bonne voix et s'il est priant, il nous aide à prier. Nous apprécions aussi la richesse et la beauté des chants que la chorale exécute. Ces chants contribuent à la beauté de la célébration et nous conduisent souvent au seuil de la contemplation.

Il arrive aussi, durant l'Eucharistie, qu'on nous invite à chanter. Que faisons-nous alors? Chantons-nous? Chantons-nous assez fort pour que notre voisin nous entende? Chantons-nous de tout notre cœur?

Ne disons pas que nous ne savons pas chanter, que nous ne lisons pas la musique, que nous avons la voix enrouée, que ce n'est pas de notre âge, que ça nous distrait dans nos prières. Ce n'est pas sérieux!

Nous ne sommes pas seuls à la messe. Nous sommes avec d'autres chrétiens. C'est tous ensemble que nous nous tenons devant Dieu. C'est tous ensemble que nous devons prier, chanter, acclamer, offrir, rendre grâce.

Que, durant la messe, nous soit offerte la possibilité de prier seul à seul avec le Seigneur, c'est normal... et indispensable. Mais il faut aussi que nous priions avec tous. La messe est une action communautaire. Elle est un geste d'Église. C'est à plusieurs et ensemble qu'on célèbre l'Eucharistie. On ne vient pas à la messe pour faire bande à part. Ce n'est pas la place.

Rien de mieux que le chant pour nous exprimer tous ensemble devant le Seigneur. Rien de mieux que le chant pour être soudés les uns aux autres, pour n'être qu'un cœur et qu'une âme.

Quand on nous y invite, n'oublions pas de chanter!

14. Amen

Plusieurs fois durant la messe, nous répondons *Amen* aux prières que le prêtre prononce au nom de toute l'assemblée.

— «... et qu'il nous conduise à la vie éternelle. — Amen.»

— «... pour les siècles des siècles. — Amen.»

— «Le Corps du Christ. — Amen.»

Amen est un mot hébreu. Les croyants de l'Ancien Testament l'utilisaient régulièrement pour terminer leurs prières. Le Christ aussi s'en est servi: non seulement quand il priait, mais aussi quand il enseignait. «Amen, amen — en vérité, en vérité — je vous le dis...» C'est une formule qui revient souvent dans les évangiles.

Autrefois, on disait *Ainsi soit-il* à la fin des prières. Maintenant, on préfère dire *Amen,* comme les croyants de l'Ancien Testament, comme Jésus, comme les premiers chrétiens l'ont fait.

Il y a de ces vieilles choses qui sont extrêmement précieuses. Mieux vaut ne pas les changer ! Mais la véritable raison pour laquelle on est revenu à *Amen,* c'est parce qu'*Ainsi soit-il* ne traduit pas toute la richesse du mot *Amen.*

Quand on dit *Amen,* on n'exprime pas seulement un souhait (Ainsi soit-il !), on affirme une certitude. C'est le cas quand le prêtre prononce la formule «Le Corps du Christ» et que le fidèle répond «Amen». Cet *Amen* veut dire «Oui! je crois que le Christ vient à moi sous le signe du pain.» C'est une certitude!

De plus, quand nous répondons *Amen* à la prière du prêtre, notre *Amen* ne signifie pas seulement «Qu'il en soit ainsi!» Il signifie aussi que cette prière, nous la faisons nôtre, nous y adhérons de tout notre cœur.

Amen! Un mot très riche de sens, qu'on a bien fait de remettre en honneur.

15. Le rite d'ouverture:
un temps pour se rassembler, se recueillir et entrer en prière

Le rite d'ouverture de la messe, dont nous venons de parler, comprend lui-même plusieurs petits rites: le chant et la procession d'entrée, le salut et le baiser à l'autel, le signe de la croix, la salutation du prêtre, le rite pénitentiel, le Gloire à Dieu et la prière d'ouverture.

Il ne suffit pas de connaître le sens de chacun de ces rites pris individuellement. Il faut aussi voir comment ils forment un tout et connaître leur signification globale. À quoi sert donc le rite d'ouverture? On peut répondre: à faire en sorte que les personnes venues à la messe:

1° se rassemblent;

2° se recueillent;

3° entrent en prière.

Les personnes se rassemblent. Elles ne viennent pas à la messe pour demeurer les unes à côté des autres, mais pour former une assemblée. Pas n'importe quelle assemblée! Une assemblée structurée, organisée. Une assemblée qui est signe de l'Église de Jésus Christ.

Se donner la main en entrant à l'église, chanter ensemble, tracer sur soi le signe de la croix: autant de comportements qui sont de nature à nous faire prendre conscience que nous sommes frères et sœurs en Jésus Christ et que nous venons nous regrouper pour une action commune.

Les personnes se recueillent. Rien de plus normal, car elles vont bientôt entendre la Parole de Dieu et y adhérer. Elles vont par la suite s'unir au Christ et offrir le sacrifice avec lui. Puis elles vont participer à l'action de grâce qu'éternellement le Ressuscité rend à son Père. Un temps de recueillement s'impose pour se disposer à vivre un tel mystère.

De façon particulière, il appartient au rite pénitentiel d'aider les fidèles à réaliser qu'ils sont en présence de Dieu et qu'ils ont à s'endimancher le cœur pour participer comme il convient à l'action qui commence.

Les personnes entrent en prière. Elles prient déjà quand elles tracent sur elles le signe de la croix et quand elles chantent le Gloire à Dieu. Elles prient encore quand elles font leur la prière d'ouverture que le président prononce. Tout le rite d'ouverture est une entrée en prière.

On peut schématiser le mouvement de ce rite de la manière suivante:

I. Se rassembler   III. Entrer en prière

II. Se recueillir

Deuxième partie

La liturgie de la Parole

16. Un Dieu qui parle

Le Dieu auquel nous croyons n'est pas un Dieu muet. Il prend contact avec les êtres qu'il a créés et il leur parle.

Les façons dont Dieu s'adresse aux siens sont fort variées. Il se révèle dans la nature et par les événements, qui disent beaucoup de lui. Constamment, il rejoint les personnes au plus profond de leur être, dans le silence de leur conscience. Il s'exprime par l'Esprit qui habite le cœur des croyants.

Sans doute faut-il beaucoup d'attention et de recueillement pour percevoir cette voix intime de Dieu qui se fait entendre au dedans de nous. Aussi Dieu, à maintes reprises, s'est-il exprimé de manière plus explicite. L'auteur de l'épître aux Hébreux évoque ces prises de parole quand il écrit: «Souvent, dans le passé, Dieu a parlé à nos pères par les prophètes sous des formes fragmentaires et variées; mais, dans les derniers temps, dans ces jours où nous sommes, il a parlé par ce Fils qu'il a établi héritier de toutes choses et par qui il a créé les mondes» (He 1, 1-2).

Toutes les paroles de Dieu sont précieuses. Aussi ont-elles été consciencieusement recueillies et compilées dans la Bible. Ce livre, l'Église en fait son point de référence. Elle s'en nourrit constamment. Il est pour elle une source, une lumière, un réconfort, un pain savoureux. Il n'est donc pas étonnant que, dans la célébration de l'Eucharistie, la proclamation de la Parole de Dieu tienne une place prépondérante.

Après le rite d'ouverture, vient donc la liturgie de la Parole, ce temps où le Seigneur parle à son peuple.

Déjà, quand les cloches avaient sonné, Dieu s'était fait entendre, mais fort discrètement. Cette fois-ci, il va se manifester clairement aux hommes et aux femmes venus le rencontrer. Il va leur parler sans détours. Il va leur dire quel est le projet qu'il a imaginé pour eux. Il va leur raconter ce qu'il a accompli depuis les temps anciens pour ceux qu'il aime et, de nouveau, il va s'exprimer par son Fils qui ne cesse de proposer au monde son Évangile.

Quand Dieu se met ainsi à parler, c'est un temps de grâce qui débute.

17. Dieu parle... savons-nous écouter?

Une chose à la messe n'est pas tout à fait normale. Très souvent, on voit en effet des lecteurs qui sont là à proclamer la Parole de Dieu... et personne n'écoute.

Tous ont les yeux rivés sur leur livret de participation. Ils n'écoutent pas vraiment. Ils lisent!

Quand nous étions jeunes, souvent nos parents nous ont dit: «Quand quelqu'un te parle, écoute.» Chaque fois qu'un lecteur ou une lectrice prend la parole à l'église, on devrait donc l'écouter.

Les raisons régulièrement apportées pour lire un texte en même temps qu'un lecteur le proclame sont bien connues: «Les lecteurs sont mauvais, dit-on. Ils prononcent mal et pas assez fort. Ils bafouillent. On a l'impression qu'ils ne comprennent pas ce qu'ils lisent...»

C'est parfois le cas. Alors on comprend... on comprend très bien: il y a vraiment très peu à écouter. On comprend aussi que, lorsqu'elle commence à être dure d'oreille, une personne ait besoin d'avoir le texte sous les yeux. Là n'est pas la question.

Mais quand le lecteur remplit convenablement sa fonction, quand il a une bonne voix, une bonne diction, de bonnes intonations... et quand, en plus, il lit intelligemment, ne devrions-nous pas mettre notre livret de côté et écouter. Écouter! Ne rien faire d'autre.

Écouter la Parole de Dieu sans l'avoir sous les yeux est une expérience unique, bien différente de celle d'écouter en lisant ce qui est proclamé.

De temps à autre au moins, nous devrions faire cette expérience d'une écoute totale de la Parole de Dieu qui est proclamée. Écoutons en fixant le regard sur celui qui parle. Écoutons parfois les yeux fermés. Écoutons de toutes nos oreilles, de tout notre cœur, de tout notre être.

C'est Dieu qui parle! Il mérite qu'on l'écoute vraiment!

18. Trois lectures

On lit trois lectures à la messe du dimanche. La première est tirée de l'Ancien Testament. La deuxième présente un extrait des lettres de saint Paul ou d'un autre apôtre. La troisième est toujours un passage des évangiles.

Les lectures de l'Ancien Testament nous parlent de l'action de Dieu avant la venue de Jésus. Les textes évangéliques racontent les faits, gestes et paroles de Jésus. La deuxième lecture renseigne sur la pensée et la vie des premiers chrétiens.

Durant les dimanches de l'Avent, du Carême et de Pâques, de même qu'à l'occasion des grandes fêtes (Noël, Pentecôte, etc.), il y a des liens étroits entre les trois lectures. Sous trois angles différents, c'est un même message qui est annoncé. Durant les autres dimanches (qu'on appelle «dimanches ordinaires»), on découvre toujours un lien entre la première lecture et l'évangile. C'est un hasard s'il y en a aussi avec la deuxième.

Ceux et celles qui sont allés à la messe avant le Concile se souviennent qu'à cette époque, il n'y avait que deux lectures qui revenaient d'année en année. Maintenant, c'est différent. Nous avons trois lectures chaque dimanche et elles ne reviennent qu'à tous les trois ans. On proclame donc beaucoup plus de textes de l'Écriture qu'autrefois.

Le Concile a augmenté et diversifié les lectures pour

que les chrétiens connaissent mieux la Parole de Dieu et s'en nourrissent abondamment. La Parole de Dieu est une vraie nourriture. Elle éclaire et fait vivre. Certains chrétiens aiment relire, durant la semaine, les lectures entendues le dimanche. C'est évidemment une très bonne habitude dont ils retirent beaucoup de profit.

Saint Éphrem (IVe s.) a très bien exprimé quelle est la richesse de la Parole de Dieu quand il a écrit: «Le Seigneur a coloré sa parole de multiples beautés, pour que chacun de ceux qui la scrutent puisse contempler ce qu'il aime. Et dans sa parole il a caché tous les trésors, pour que chacun de nous trouve une richesse dans ce qu'il médite.»

19. Comme un écho

Quand quelqu'un nous parle, il est normal de lui répondre. Si on ne le fait pas, on est impoli. Quand Dieu parle à son peuple, il est donc normal que le peuple lui réponde. C'est ce qui arrive à la messe. Après la proclamation de la première lecture, on récite, ou mieux on chante un psaume: le psaume «responsorial».

Comme cet adjectif le dit, il s'agit d'un psaume conçu comme une réponse à la parole de Dieu qui vient d'être entendue, comme une réponse à Dieu lui-même qui vient de s'exprimer dans un texte de l'Ancien Testament.

Certaines personnes trouvent que le psaume est difficile à comprendre. Dans certains cas, c'est vrai. La difficulté vient souvent du fait qu'on n'a pas bien saisi comment se situe le psaume par rapport à la première lecture. Voici donc une clef qui pourra aider à mieux saisir le sens et la fonction du psaume.

Le psaume est très étroitement lié à la première lecture. Il se présente même comme un écho à cette première lecture. La plupart du temps, le psaume — et particulièrement le refrain du psaume — reprend l'une ou l'autre des paroles qui viennent d'être proclamées. Autrement dit, le peuple répond à Dieu en réutilisant ses paroles qu'il vient d'entendre. Si, par exemple, on dit dans la première lecture: «Voyez comme le Seigneur est bon», dans le psaume et dans son refrain, l'assemblée chantera: «Ô qu'il est grand l'amour que Dieu a pour nous!» Si, dans la première lecture, on invite à écouter la voix de Dieu et à suivre ses enseignements, il se pourra fort bien que le refrain du psaume soit celui-ci: «Ta Parole, Seigneur, est vérité et ta loi, délivrance.»

Le texte de la première lecture et celui du psaume s'appellent donc l'un l'autre. C'est comme si, dans la première lecture, Dieu disait à son peuple: «Voyez comme je vous aime; voyez ce que j'ai fait pour vous.» Et comme si, dans le psaume, le peuple répondait: «Oh oui, c'est vrai que tu nous aimes, c'est vrai que tu as accompli pour nous des merveilles.»

On peut comparer la première lecture et le psaume à un dialogue d'amoureux.

20. Alléluia

Tous les peuples ont leur façon de manifester leur joie et d'acclamer leurs héros. Ici, nous avons l'habitude de nous lever, d'applaudir et de crier des hourras et des bravos. La liturgie aussi a sa façon d'acclamer. Elle utilise des mots particuliers pour le faire. Le plus précieux, le plus traditionnel et le plus riche est certainement ALLÉLUIA.

Alléluia est la réunion de deux mots hébreux: *allélu,* qui veut dire louez et *ia,* une abréviation de Jéhovah, c'est-à-dire Dieu. Le mot *Alléluia* signifie donc: «Que Dieu soit loué!» Ou encore: «Louange à Dieu!»

Dans le livre de l'Apocalypse, il est dit que, dans le ciel, les saints rendent gloire à Dieu en chantant *Alléluia* sans se lasser (19, 1.3.4). Il n'est donc pas étonnant que, depuis bien longtemps, dans notre liturgie, on utilise aussi le mot *Alléluia.*

À ce sujet, il est intéressant de savoir que c'est durant la nuit pascale, avant la proclamation de l'évangile de la résurrection, qu'on a d'abord chanté l'*Alléluia.* Aujourd'hui encore, on le chante au même endroit, à la veillée pascale, avec une solennité tout à fait particulière. Rien de plus normal, car s'il y a un motif de louer Dieu c'est bien celui d'avoir ressuscité Jésus, de l'avoir fait passer de la mort à la vie.

Sauf durant le temps de l'Avent et du Carême, qui

sont des temps d'austérité, on chante l'*Alléluia* à la messe du dimanche, avant la proclamation de l'évangile. Le sens de cet *Alléluia* est très clair. Il s'agit alors d'acclamer Dieu comme un héros. C'est comme si on disait: «Loué sois-tu, Dieu, parce que ton Fils vient nous parler dans l'évangile! Loué sois-tu pour la Bonne Nouvelle de l'évangile! Loué sois-tu pour les paroles de vie et de lumière que nous allons entendre!»

21. Debout pour l'évangile

À la messe, nous sommes assis durant la proclamation de la première et de la deuxième lecture. Il en va de même durant le chant ou la récitation du psaume responsorial. Mais nous nous levons quand débute l'Alléluia et nous restons debout durant l'annonce de l'évangile.

Si on nous demandait pourquoi nous sommes assis durant les deux premières lectures et debout pour l'évangile, nous n'aurions aucune difficulté à répondre. Nous dirions que nous nous levons pour la proclamation et l'écoute de l'évangile parce que cette lecture est plus importante que les autres.

Tout à fait juste. Les évangiles contiennent les paroles mêmes de Jésus. C'est Jésus lui-même qui s'adresse à nous quand on lit les évangiles à l'église. Les évangiles nous rappellent les faits et gestes de Jésus. En restant debout durant cette lecture, nous manifestons la très grande vénération que nous avons pour Jésus, pour ses paroles, pour tout ce qu'il a fait.

On peut ajouter à cela qu'être debout est un signe de santé et de vie, un signe de dignité et un signe de victoire. Les vaincus et les morts sont par terre. Les vivants et les vainqueurs se tiennent debout. De façon générale, la position debout manifeste que, grâce à Jésus, nous sommes des êtres relevés, ressuscités, sauvés. Par sa victoire sur la mort et le péché, Jésus a fait de nous des êtres debout.

Les paroles de l'évangile sont pour nous paroles de salut, il convient donc d'être debout pendant qu'on les proclame. Ces paroles nous font passer de la mort à la vie. Elles font de nous des vivants. Grâce à l'effet qu'elles ont en nous, nous pouvons nous tenir solidement sur nos deux pieds et marcher courageusement et joyeusement vers la terre promise, vers le Royaume de Dieu.

Être debout! un signe de respect! Debout! la position des ressuscités. Debout! l'attitude des chrétiens qui savent que Jésus a fait d'eux des fils et des filles de Dieu.

22. Le front, les lèvres et le cœur

Quand le prêtre annonce quel évangile sera proclamé à la messe (Évangile de Jésus Christ, selon saint Jean, saint Matthieu, saint Marc ou saint Luc), nous faisons une croix sur notre front, sur nos lèvres et sur notre cœur. Cette coutume, qui date du XIe siècle, est riche de sens.

Ce triple signe de croix a pour but d'attirer sur nous la faveur de Dieu. Il a le sens d'une bénédiction.

Quand il bénit un chapelet, une médaille, de l'eau ou un repas, le prêtre prononce une prière et fait un signe de croix. C'est de la croix de Jésus que nous viennent les faveurs de Dieu.

Par le triple signe de la croix fait sur le front, les lèvres et le cœur, nous demandons que les paroles de l'évangile, que nous allons entendre, nous pénètrent tout entiers, nous envahissent totalement et prennent solidement racine dans notre intelligence et notre cœur. Nous demandons aussi que notre intelligence soit éclairée pour les bien comprendre et notre cœur réchauffé pour les accueillir comme il se doit.

Le triple signe de croix a encore une autre signification. Il manifeste notre volonté de faire ce qui nous est possible pour transmettre aux autres ce que nous avons reçu. C'est comme si nous disions à Dieu: «Fais que toute notre vie — notre intelligence, nos paroles et notre cœur

— proclame les paroles de l'évangile qui viennent de nous être annoncées. »

Le Père Joseph Jungmann, un spécialiste de l'étude des rites de la messe, explique ainsi le triple signe de croix. Par ce signe, « nous voulons, le front haut, nous porter garants de la parole que nous a apportée le Christ et qui est consignée dans ce livre, la confesser de bouche et surtout la conserver fidèlement dans le cœur ».

23. «Louange à toi, Seigneur Jésus»

Habituellement, pour indiquer la fin de la première ou de la deuxième lecture qui vient d'être proclamée, le lecteur prononce les mots «Parole du Seigneur». Tous répondent: «Nous rendons gloire *à Dieu.*»

Au moment de l'évangile, on procède avec plus d'ampleur. En raison de son importance, ce texte est en effet précédé d'une annonce solennelle: «Évangile de Jésus Christ selon saint Jean, saint Luc...» Le peuple répond: «Gloire *à toi, Seigneur.*» À la fin de la proclamation, le prêtre ou le diacre conclut en disant: «Acclamons la parole de Dieu.» Puis vient le répons de l'assemblée: «Louange *à toi, Seigneur Jésus!*»

On l'aura remarqué: chaque fois notre louange s'adresse à QUELQU'UN: à Dieu, au Seigneur, au Seigneur Jésus. Même s'ils ont pris la parole, ce ne sont donc pas Monsieur X ou Madame Y, l'abbé Lalande ou le diacre Antoine qui reçoivent nos hommages, mais bien Dieu lui-même ou Jésus, son Fils.

Le concile Vatican II a bien mis en relief cette réalité fondamentale: quand on lit l'Écriture à la messe, c'est Dieu qui parle, c'est le Christ qui s'exprime. «Le Christ est là présent dans la parole, est-il écrit dans la Constitution sur la liturgie (n° 7), car c'est lui qui parle tandis qu'on lit dans l'Église les Saintes Écritures.»

Cette affirmation est loin d'être banale. Elle attire

notre attention non seulement sur le fait que les textes de la Bible sont d'une extrême actualité, mais sur le fait qu'aujourd'hui encore, Dieu s'investit personnellement dans sa Parole. Il vient lui-même lui redonner vie et la faire retentir au cœur de notre assemblée. Le lecteur ou la lectrice prête sa voix à Dieu, mais c'est vraiment Dieu qui parle.

Cette présence du Christ dans la Parole est aussi réelle — bien que d'une manière différente — que sa présence sous les signes du pain et du vin.

24. Une Parole efficace

«La pluie et la neige qui descendent des cieux n'y retournent pas sans avoir abreuvé la terre, sans l'avoir fécondée et l'avoir fait germer, pour donner la semence au semeur et le pain à celui qui mange. Ainsi ma Parole, qui sort de ma bouche, ne me reviendra pas sans résultat, sans avoir accompli sa mission.»

Ce texte, tiré du livre du prophète Isaïe (55, 10-11), s'applique à la Parole de Dieu qu'on proclame à l'église. Cette Parole n'est jamais une parole en l'air. Elle a de la consistance. Elle n'est pas que du vent. Elle est efficace. Tout ce qu'elle annonce, elle peut l'accomplir.

La Parole de Dieu possède cette capacité d'éclairer, de réconforter, de réjouir, de transformer, de revigorer, de soulager, de guérir, de nourrir, de revitaliser, de donner courage et patience, de pacifier, de rendre le croyant solide et fidèle aux moments difficiles. Oui, elle est efficace.

Mais cette efficacité n'est pas automatique. Une condition doit être remplie pour qu'elle s'exerce. La condition, c'est que celui ou celle qui entend la Parole... se laisse rejoindre par elle, lui ouvre son cœur, lui donne sa chance, se laisse travailler par elle.

La parabole du semeur s'actualise chaque jour. À notre époque, comme au temps de Jésus, la Parole tombe en terrain rocheux, sur des épines ou dans de la bonne terre (Mt 13, 3-9. 18-23).

Si quelqu'un écoute la Parole de Dieu d'une oreille inattentive, il ne se passera rien. S'il l'écoute attentivement, mais sans croire ce qu'elle dit, il ne se passera rien. Si ses oreilles sont ouvertes mais son cœur fermé, il ne se passera rien non plus. S'il trouve que la Parole de Dieu s'applique merveilleusement aux autres mais pas à lui, elle ne lui servira à rien.

La Parole de Dieu est efficace, pas de doute là-dessus. Mais chacun peut empêcher qu'elle le soit pour lui et en lui. Dieu a donné à sa créature ce pouvoir de faire obstacle à sa Parole.

25. «C'est aujourd'hui que cette parole s'accomplit»

Après la proclamation des lectures, le prêtre prononce l'homélie. «Homélie» veut dire discours simple, prise de parole familière.

Aux alentours de l'an 150, saint Justin expliquait ce qu'est l'homélie en ces termes: «Quand le lecteur a terminé les lectures, celui qui préside prend la parole et exhorte à imiter ces beaux enseignements» (Apologie 1, 67).

Une homélie bien faite réchauffe le cœur et réveille le courage des croyants. Elle stimule à mettre en pratique l'évangile. Elle fait voir comment il est beau et bon de marcher à la suite du Christ.

Un excellent exemple d'homélie nous a été donné par Jésus lui-même. C'était à la synagogue, un jour de sabbat, raconte l'évangéliste saint Luc (4, 16-22). On invita Jésus à lire l'Écriture puis à la commenter, c'est-à-dire à prononcer l'homélie. Après avoir lu ce passage d'Isaïe où il est écrit: «L'Esprit de Dieu est sur moi... il m'a envoyé proclamer aux prisonniers la délivrance et aux aveugles le retour à la vue. Il m'a envoyé libérer les opprimés» (Is 61, 1-2), Jésus s'exprima en ces termes: «Ces paroles de l'Écriture que vous venez d'entendre, dit-il, c'est aujourd'hui qu'elles s'accomplissent.»

Excellente homélie! Brève, percutante. Passionnante à entendre. Personne n'a dû dormir!

L'homélie a pour but d'annoncer de bonnes nouvelles aux personnes venues célébrer l'Eucharistie. Elle vise à faire voir que tout ce que Dieu a réalisé dans le passé pour le bien du monde, il le réalise encore aujourd'hui. Elle doit raviver l'espérance et donner le goût de vivre.

Pas facile d'être un excellent homéliste! Mais pour que l'homélie soit bonne et profitable, faut-il que le prêtre (ou le diacre) soit seul à en porter la responsabilité? Ne faut-il pas que chaque fidèle y mette aussi du sien?

Il me revient à la mémoire une parole qu'une brave et sainte femme m'avait dite un jour. «Même quand l'homélie est tout à fait banale, je m'efforce de chercher un mot, une idée qui me rejoint et m'interpelle... et je trouve toujours!»

Conclusion: L'homélie est d'abord l'affaire du prêtre, certes. Mais, pour une part au moins, elle est aussi l'affaire de ceux qui écoutent. À chacun de faire son bout de chemin.

26. De la Genèse à l'Apocalypse

Voici un titre énigmatique! La Genèse est le premier livre de la Bible, l'Apocalypse le dernier. Le livre de la Genèse parle de la création, celui de l'Apocalypse s'intéresse beaucoup à la fin des temps. En plus de ces deux livres, la Bible contient tous les livres de l'Ancien Testament et tous ceux du Nouveau Testament. En tout, 72 livres: 27 pour le Nouveau Testament, 45 pour l'Ancien. De dimanche en dimanche, à l'église, on lit quelques passages de l'un ou l'autre de ces livres. Il faut trois ans pour faire le tour de l'ensemble.

Il ne suffit pas que ces livres soient lus. Il ne suffit pas de faire retentir les Paroles de Dieu qu'ils contiennent. Il faut aussi que ceux qui entendent l'Écriture y adhèrent. À la Parole de Dieu qui est proclamée doit correspondre notre parole de croyants qui reconnaissent la véracité, la beauté et la richesse de ce que Dieu dit.

Durant la messe, un des moments les plus explicites et les plus forts d'adhésion à la Parole de Dieu est la proclamation du *Je crois en Dieu* ou du *Symbole des Apôtres.* Le mot symbole vient du grec (sun-bolein). Il signifie «mettre ensemble» ou «résumer». Le *Symbole des Apôtres* ou le *Je crois en Dieu* met ensemble et résume l'essentiel de la Parole de Dieu contenue dans la Bible. En proclamant le *Je crois en Dieu,* les chrétiens expriment leur adhésion et leur foi à tout ce qui est contenu

65

dans l'Écriture, depuis le livre de la Genèse jusqu'à celui de l'Apocalypse.

Il est intéressant de remarquer que le début du *Je crois en Dieu* évoque de façon spéciale le contenu du livre de la Genèse, puisqu'il parle de la création (« Je crois en Dieu, le Père tout-puissant, créateur du ciel et de la terre... »). La fin du *Je crois en Dieu* se réfère spécialement au livre de l'Apocalypse, puisqu'il y est question de la fin des temps (« Je crois... à la résurrection de la chair, à la vie éternelle. Amen. »). Proclamer le *Je crois en Dieu,* c'est donc dire « oui » à toute la Parole de Dieu, à toute la révélation, au contenu entier de la Bible.

27. Pour tout le monde!

À la messe, après la profession de foi (c'est-à-dire le *Je crois en Dieu*), commence ce que nous appelons la prière universelle.

Prière *universelle*! Prière qui s'occupe de tout le monde. Prière ouverte sur l'univers. Prière attentive à ce qui survient tout près ou loin de nous. Prière soucieuse de tous les êtres qui habitent notre planète.

Le Christ n'est pas venu sur terre, n'est pas mort et n'est pas ressuscité pour quelques personnes seulement. Il l'a fait pour tout le monde. Il n'a pas voulu annoncer la Bonne Nouvelle de l'évangile à quelques personnes seulement, mais à tout le monde. Même chose à la messe! C'est pour tout le monde que l'Église refait ce que Jésus a fait à la Cène. C'est pour tout le monde que la Parole de Dieu est de nouveau proclamée. Cela doit apparaître de façon spéciale durant la prière universelle.

Une prière universelle bien faite s'intéresse non seulement à ceux et celles qui sont venus à l'église, mais aux gens de partout, de tous âges, de toutes conditions sociales. Une prière universelle réussie demande que la Bonne Nouvelle de l'évangile soit annoncée non seulement à quelques personnes mais à toutes, et qu'elle se réalise non seulement en faveur de quelques-uns mais de tous.

Durant la prière universelle, c'est le temps de voir et

de penser grand. C'est le temps de laisser battre son cœur aux dimensions de l'univers, d'être sensible aux souffrances, aux peines, aux espoirs de tous les hommes, de toutes les femmes, de tous les enfants de la terre. C'est le temps d'implorer Dieu pour qu'il se montre généreux et bon pour tout le monde.

La prière universelle doit avoir du souffle, de l'ampleur. Elle doit prendre le monde entier dans ses bras et implorer sur lui la bienveillance divine.

28. La liturgie de la Parole: un dialogue entre Dieu et son peuple

Nous venons de dire quelques mots de chacun des rites de la liturgie de la Parole: lectures, psaume, acclamations, homélie, profession de foi et prière universelle... Terminons par une petite synthèse en nous posant la question suivante: Pourquoi ces rites sont-ils mis en œuvre? Quelle est leur visée profonde?

La réponse à cette question est simple: la liturgie de la Parole a pour but d'instaurer un dialogue entre Dieu et son peuple. Cela apparaît clairement quand on examine comment cette partie de la messe est organisée. D'un côté il y a Dieu qui parle, de l'autre l'assemblée qui répond.

Au moment où les lectures sont proclamées, c'est évidemment Dieu qui s'exprime. C'est encore lui qui parle quand le prêtre fait l'homélie, puisque celle-ci a pour fonction première de faire voir l'actualité et la pertinence de la Parole de Dieu.

Par contre, quand le psaume est lu ou chanté, c'est l'assemblée qui répond à Dieu. Les acclamations (*Gloire à toi, Seigneur. — Louange à toi, Seigneur Jésus.*) sont aussi des réponses données à la Parole. Et, bien évidemment, la profession de foi que les fidèles récitent ensemble constitue une réponse explicite et solennelle à ce que Dieu vient d'annoncer. La prière universelle elle-même doit être considérée comme une réponse à la Parole. Dans ce cas, le peuple répond en demandant que ce qui a été annoncé se réalise au profit de toutes les personnes qui habitent sur terre.

La liturgie de la Parole est donc structurée de telle sorte qu'il y ait une proposition de la part de Dieu et une réponse de la part de l'assemblée.

Il n'est certainement pas inutile de souligner que, pour donner une réponse valable et sérieuse à ce qui lui est annoncé et proposé, l'assemblée doit s'accorder tout le temps requis pour considérer la proposition divine. Avant de dire oui à la Parole, il convient de la ruminer, de la laisser mûrir dans son cœur et de prendre conscience de ce à quoi elle appelle.

On peut schématiser la dynamique de la liturgie de la Parole de la façon suivante:

I. Appel de Dieu   III. Réponse de l'assemblée

II. Méditation de l'appel

Troisième partie

La liturgie eucharistique

29. Les deux tables

À la messe, il n'y a qu'un seul autel mais deux tables: la table de la Parole et la table du sacrifice, la table où la Bonne Nouvelle du salut est proclamée et celle où le Christ se livre pour l'accomplissement de notre salut.

Si l'on parle de l'autel comme d'une table, c'est évidemment parce qu'on y dépose le pain et le vin, nourriture et boisson. Mais on doit aussi parler de la table de la Parole, car la Parole de Dieu se mange comme le pain et se boit comme une eau pure.

On connaît le mot de Jésus au désert: «Ce n'est pas seulement de pain que l'homme doit vivre, mais de toute parole qui sort de la bouche de Dieu» (Mt 4, 4). Très impressionnant est aussi ce texte où Dieu demande au prophète Ezéchiel de manger le livre de la Parole dont il doit annoncer le message: «Le Seigneur me dit: 'Fils d'homme, mange ce qui est devant toi, mange ce rouleau, et va parler à la maison d'Israël'» (Ez 3, 1).

Il est intéressant de remarquer que le Christ, qui se donne à manger sous le signe du pain, se nomme le Verbe: la Parole! Ce qui signifie qu'il est bon à manger comme est bonne à manger toute parole qui vient de Dieu.

Pour assimiler pleinement le Christ et devenir son intime, il faut se nourrir et de la Parole et du pain. La Parole et le pain se complètent l'un l'autre. Tous deux sont nécessaires.

À la messe, il y a donc d'abord le temps de la Parole, ensuite celui du pain. Ces deux temps s'appellent mutuellement. Quand nous entendons la Parole et l'accueillons dans nos cœurs, nous communions déjà au corps du Christ. Quand nous portons à notre bouche le pain consacré, nous nous nourrissons de nouveau du Verbe de Dieu.

La liturgie de la Parole est le premier temps de l'Alliance que l'Eucharistie vient sceller entre Dieu et son peuple. La liturgie du pain en est le second. Mais il y a une seule Alliance, une seule Eucharistie; ce qui a été bien affirmé au concile Vatican II: «La liturgie de la parole et la liturgie eucharistique sont si étroitement unies entre elles qu'elles font un seul acte de culte» (*Constitution sur la liturgie,* n° 56).

30. Les quatre temps de la liturgie eucharistique

Après la *liturgie de la Parole,* qui se termine avec la prière universelle, commence la *liturgie eucharistique.* Cette partie de la messe comporte quatre temps qui correspondent aux quatre actions posées par le Christ le soir de la Cène.

Que disent les évangiles à ce sujet? Ils affirment que Jésus prit d'abord du pain, puis qu'un peu plus tard il prit du vin. Prendre du pain et du vin dans ses mains, c'est la première action posée par Jésus. Nous faisons de même à la messe. Nous apportons du pain et du vin à l'autel, et le prêtre, comme Jésus, les prend dans ses mains. Cette première partie de la liturgie eucharistique se nomme APPORT ou préparation DES DONS.

Après avoir pris le pain, puis le vin, Jésus les bénit ou, selon un autre terme employé dans les évangiles, il rendit grâce sur eux. Nous faisons de même à la messe. En notre nom, au nom de toute l'Église et en union avec Jésus, le prêtre prononce une longue prière par laquelle il bénit le pain et le vin, rend grâce sur eux. Cette seconde partie de la liturgie eucharistique se nomme PRIÈRE EUCHARISTIQUE.

Après avoir béni le pain, Jésus le rompit en autant de morceaux qu'il y avait de disciples. Comme lui, le prêtre va donc rompre le pain. Autrefois, avec l'aide des diacres, il rompait plusieurs pains en plusieurs morceaux. Aujourd'hui, il ne rompt très souvent que la grande hostie. Cette troisième partie de la liturgie eucharistique s'appelle la FRACTION DU PAIN.

Enfin, après avoir rompu le pain, Jésus le distribua à ses disciples. Il fit aussi passer la coupe de vin au milieu d'eux. C'est le RITE DE COMMUNION. Il correspond à la quatrième action posée à la Cène.

«Faites ceci en mémoire de moi», avait dit Jésus. 2 000 ans après sa mort, nous lui sommes fidèles. Nous refaisons exactement ce qu'il nous a dit de faire.

L'apport des dons

31. Il prit du pain

À la Cène, Jésus prit du pain. Nous en prenons nous aussi pour célébrer l'Eucharistie. Prendre du pain n'est pas un geste purement utilitaire, mais un geste riche de sens et hautement symbolique. Pour percevoir le sens de ce geste, le plus simple est de nous référer à la prière que le prêtre prononce quand il prend le pain dans ses mains.

« Tu es béni, Dieu de l'univers, toi qui nous donnes ce pain... » Ce sont les premières paroles que le prêtre prononce. Auteur de la vie, Dieu est aussi l'auteur de tout ce qui fait vivre. Nécessaire à la vie, le pain vient donc de lui, il est un de ses multiples dons. C'est ce que le prêtre reconnaît. En prenant le pain dans ses mains, il bénit Dieu, il dit du bien à son sujet parce qu'il nous donne chaque jour le pain qui fait vivre.

« ...fruit de la terre et du travail des hommes... » Il faut la fécondité de la terre pour faire du pain. Il faut le grain mis en terre. Il faut l'eau et le soleil. Mais il faut aussi le travail de l'homme et de la femme. Que de gestes d'hommes et de femmes sont requis pour faire du pain et pour se mettre un morceau de pain sous la dent. Que de gestes, depuis celui du semeur jusqu'à celui de la mère ou du père de famille qui tranche le pain avant de le mettre sur la table.

«*Nous te le présentons...*» Quand nous voyons quelqu'un, du milieu de l'assemblée, apporter le pain à l'autel, quand nous voyons le prêtre prendre le pain dans ses mains pour le présenter à Dieu, disons-nous que ce sont toutes les richesses du monde, toutes les activités et toutes les vies humaines qui sont offertes à Dieu. Réalisons que c'est notre propre vie, de même que la vie de ceux et celles que nous aimons qui sont placées sous le regard de Dieu.

«*...Il deviendra le pain de la vie.*» Ce sont les derniers mots de la prière que le prêtre prononce. Ils indiquent quel sera le destin du pain apporté à l'autel.

Le pain des hommes deviendra pain de Dieu.

32. Merveilleux échange

Une fois apporté à l'autel par les fidèles, le pain entreprendra un très beau voyage.

Le prêtre le prendra dans ses mains et le présentera à Dieu. Ensuite il prononcera sur lui une longue prière, de bénédiction: la prière eucharistique. Au terme de cette prière, le pain sera élevé très haut; c'est comme si le prêtre voulait alors le faire monter dans le cœur de Dieu. Une fois ce geste posé, le pain sera fractionné, puis distribué aux personnes venues célébrer l'Eucharistie.

Voilà le voyage du pain, le périple du pain.

Quand il est apporté à l'autel, le pain n'est que du pain. Après que le prêtre a invoqué la venue de l'Esprit Saint sur lui et prononcé les paroles que le Christ a lui-même prononcées à la Cène, il est devenu le corps du Christ. Quelle aventure! Et quelle différence entre ce pain que les fidèles apportent dans un geste d'offrande et celui qu'un peu plus tard, ils reçoivent en communion.

Le pain apporté est le pain des hommes et des femmes que nous sommes; le pain reçu en retour est le pain de Dieu. Le pain présenté à l'autel est terrestre; celui que nous recevons en échange est céleste. Le pain offert à Dieu a le pouvoir de conserver en vie nos corps mortels; celui qui vient de Dieu est capable de nous faire vivre éternellement. Le pain que nous confions au prêtre est signe de notre désir de passer en Dieu; celui qu'il nous remet plus tard exprime le désir qu'a Dieu de passer en nous.

Quel merveilleux échange se produit à la messe! Nous n'apportons presque rien, simplement un peu de pain. En retour, toutes les richesses de Dieu nous sont données. Nous apportons notre vie: une vie fragile et blessée, une vie marquée par le péché; en échange, nous recevons la vie du Ressuscité.

Oui, quel merveilleux échange!

33. Du pain azyme

La législation actuelle de l'Église demande que l'Eucharistie soit célébrée avec du pain azyme. (Cf. Droit canon, n° 926: Dans la célébration eucharistique, selon l'antique tradition de l'Église latine, le prêtre utilisera du pain azyme quel que soit le lieu où il célèbre.)

Il n'en fut pas toujours ainsi. Au milieu du IIe siècle, par exemple, saint Justin signale que les chrétiens apportent à l'autel du pain cuit chez eux. Il s'agit certainement de pain levé. Jusqu'au XIe siècle, on admit autant le pain levé que le pain azyme pour la célébration de la messe. En Occident, la coutume généralisée de ne se servir que du pain azyme date du milieu du XIe siècle.

Pourquoi le pain levé a-t-il été peu à peu remplacé par le pain azyme?

1° L'exemple du Christ a certainement joué. Selon les apôtres Matthieu (26, 17), Marc (14, 2) et Luc (22, 8), la Cène fut un repas pascal. Or ce repas était célébré avec du pain azyme, en souvenir de cette nuit où les Juifs, devant fuir l'Égypte en toute hâte, n'eurent pas le temps de faire lever leur pain.

2° En référence à un texte de saint Paul (1 Co 5, 6-8), on estima que le pain levé convenait moins que le pain azyme pour l'Eucharistie, parce qu'il contenait un élément corrupteur. Ce qui est vrai: le pain levé se détériore beaucoup plus rapidement que le pain azyme.

3° Puis vint le XIIe siècle. Cette époque est celle où le respect porté à l'Eucharistie s'amplifie et devient très minutieux. On veille à ce qu'aucune parcelle de pain ne tombe par terre. Moins friable et plus léger que le pain levé, le pain azyme était donc jugé préférable pour la célébration de la messe. On considérait aussi qu'avec du pain azyme, il était beaucoup plus facile de fabriquer de belles hosties blanches, signes de la pureté de notre offrande. Le pain azyme favorisait enfin la confection des nombreuses petites hosties destinées aux fidèles.

Il n'est pas impossible qu'un jour, l'usage du pain levé soit de nouveau permis. Mais il y aura toujours de bonnes raisons d'employer du pain azyme. 1° L'Eucharistie est un repas pascal. Utiliser du pain azyme est une façon de nous le rappeler. 2° L'Eucharistie est signe d'unité. Or en Orient, on tient au pain azyme. En l'utilisant nous aussi, nous signifions donc notre union avec l'Orient chrétien. 3° L'Eucharistie n'est pas un repas comme les autres. L'usage d'un pain spécial signale le caractère particulier du repas eucharistique.

34. Le pain de l'assemblée

Même les très bonnes décisions peuvent avoir quelque inconvénient. C'est ce qui arriva avec la décision prise au XIe siècle de ne plus utiliser que du pain azyme pour l'Eucharistie. Elle eut en effet une double conséquence: 1. la fabrication du pain fut réservée à quelques personnes seulement, 2. les fidèles n'apportèrent plus à l'église le pain qu'ils confectionnaient eux-mêmes à la maison.

Se développa alors l'idée que le pain de l'Eucharistie n'est pas le pain du peuple, n'est pas le pain des gens ordinaires, mais un pain spécial, un pain fabriqué par les autres, un pain qui vient de la sacristie et sur lequel les clercs ont toute autorité.

Idée qu'il faut combattre car, aujourd'hui comme hier, le pain apporté et consacré à l'autel se doit d'être le pain du peuple de Dieu, le pain de l'assemblée, et non pas uniquement le pain des clercs.

À ce sujet, il est intéressant de constater que les normes qui fixent la façon de célébrer l'Eucharistie prennent soin de noter que «c'est un usage à recommander que de faire présenter le pain et le vin par les fidèles...» Et elles ajoutent: «Bien que les fidèles n'apportent plus, comme autrefois, du pain et du vin de chez eux, ce rite de l'apport des dons garde sa valeur et sa signification spirituelle» (Présentation générale du missel romain, n° 49).

Le pain que le prêtre consacre est le symbole de la vie de tous les membres de l'assemblée et de toutes les personnes qui habitent sur terre. Il représente leurs amours et leurs peines, leurs labeurs et leurs repos, leurs échecs et leurs victoires. Il est donc important et normal qu'il soit entre les mains des membres de l'assemblée, ce pain, et que ce soit les membres de l'assemblée qui l'apportent eux-mêmes à l'autel.

Chaque jour si possible, mais en particulier le dimanche, il convient de confier à quelques personnes la responsabilité de présenter au prêtre le pain de l'assemblée, le pain de l'Église, le pain de tous et de chacun.

Quand le pain est apporté à l'autel, c'est l'assemblée qui est apportée... pour devenir le corps du Christ !

35. Il y a aussi le vin

Quand nous pensons à l'Eucharistie, nous nous référons d'abord au pain, moins souvent au vin. Sans doute est-ce parce que nous communions au pain eucharistique, mais non pas au vin.

Il ne faudrait pourtant pas oublier le vin. À la Cène, Jésus lui a accordé autant d'importance qu'au pain. Aujourd'hui encore, on ne peut célébrer l'Eucharistie si on n'a pas de vin.

Le symbolisme du vin est extrêmement riche. Pour faire bref, disons qu'il attire notre attention dans deux directions principales.

1. Le vin — surtout quand il est rouge — évoque le sang. Rien d'étonnant qu'en prenant la coupe de vin dans ses mains, Jésus ait dit: «Ceci est mon sang.» Il ajouta: «... le sang de l'alliance nouvelle.»

La première alliance — l'alliance ancienne — avait été scellée dans le sang. Après avoir tué un animal, on avait répandu une partie de son sang sur l'autel (qui représente Dieu). L'autre partie avait été répandue sur la foule. Quand on sait que le sang est symbole de vie, on saisit immédiatement le sens de ce rite. Il signifie que, dorénavant, grâce à l'alliance établie, Dieu et son peuple seront étroitement unis. Ils vivront d'une même vie, d'un même sang.

Le Christ a versé son sang, sa vie, pour qu'une Alliance nouvelle et éternelle soit établie entre Dieu et nous.

2. Le vin est aussi un symbole de fête et de joie. Il «réjouit le cœur de l'homme», est-il écrit dans l'Écriture (Ps 103, 15). Il fait oublier les peines et la lourdeur de la vie. Il délie les langues et aide à fraterniser. On le fait couler abondamment aux jours de noces et d'anniversaires.

Quand Jésus a voulu faire entrevoir ce que serait la vie en paradis, il n'a pas hésité à prendre l'image des noces (Mt 22, 1-14). On imagine volontiers que, comme à Cana, la nourriture et le vin ne manqueront pas.

Le vin de l'Eucharistie renvoie donc au paradis. Il rappelle que nous sommes conviés à la joie. Il invite à vivre dans l'allégresse.

36. L'eau mêlée au vin

Le soir de la Cène, Jésus a-t-il coupé son vin avec un peu d'eau? C'est possible, mais aucun document ne permet de l'affirmer avec certitude. Depuis le IIe siècle, cependant, cette pratique est clairement attestée et même mise en évidence.

Le sens donné à ce rite est très beau. Il s'agit de manifester que le Christ (représenté par le vin) et l'Église (signifiée par l'eau) sont étroitement unis pour l'offrande de la messe. Le Christ ne s'offre pas seul, il se joint à l'Église dont il est la tête. L'Église ne s'offre pas indépendamment ou à côté du Christ, elle se présente au Père avec le Christ-tête dont elle se réjouit et s'honore d'être le corps.

«Si quelqu'un n'offre que du vin, écrivait saint Cyprien au début du IIIe siècle, le sang du Christ se trouve être sans nous; si ce n'est que de l'eau, c'est le peuple qui se trouve être sans le Christ» (Épître 63 à Cecilius).

Bien que moins fréquente, une autre signification mérite d'être soulignée. Le vin et l'eau, dira saint Ambroise (IVe s.), signifient le sang et l'eau qui ont jailli du cœur de Jésus sur la croix. Nous aurions donc ici un symbole de la fécondité de la messe, qui prolonge et applique à l'humanité la fécondité de la croix.

En Orient, on a développé une troisième signification.

Le vin et l'eau, dira-t-on, représentent la nature humaine et la nature divine du Christ.

Nous sommes donc devant une très grande richesse et une belle diversité de sens. Il n'y a pas à retenir un sens et à rejeter les autres. Mieux vaut laisser ce rite se déployer en tous sens et nous laisser guider par eux pour parvenir à une intelligence plus profonde du mystère.

Les paroles que le prêtre prononce quand il verse un peu d'eau dans le vin indiquent toutefois le sens que l'Église privilégie aujourd'hui.

«Comme cette eau se mêle au vin pour le sacrement de l'Alliance, puissions-nous être unis à la divinité de Celui qui a pris notre humanité.»

37. La coupe

Sauf en cas de grande nécessité, le prêtre ne verse pas le vin dans n'importe quel vase. Il se sert d'une coupe de belle qualité: le calice. Depuis toujours, les artistes en confectionnent de magnifiques que les fidèles se plaisent à offrir aux prêtres.

Il importe de réfléchir un moment sur l'importance de la coupe à la messe: non pas d'un point de vue esthétique, mais symbolique.

On pense ici aux paroles de Jésus à Gethsémani: «Père, écarte de moi cette coupe!» (Mc 14, 36) La coupe dont il est question est celle de la souffrance, de l'agonie et de la mort. Pas facile à vivre, à boire! Jésus dira pourtant: «Que ta volonté soit faite; non la mienne» (Mc 14, 36).

Autre référence qui nous vient spontanément en tête: cette parole de Jésus aux deux disciples qui demandaient à siéger à sa gauche et à sa droite: «Pouvez-vous boire la coupe que je dois boire?» leur dira-t-il (Mc 10, 38). Ce qui signifie: «Pouvez-vous participer à mon destin? Pouvez-vous vivre la passion que je vais vivre?»

Présenter la coupe à la messe et y boire, c'est donc manifester sa volonté de prendre part à la passion du Christ. Avec le Christ et comme lui, c'est dire au Père: «Non pas ma volonté, mais la tienne.»

La coupe a une autre signification. Elle est signe de victoire, de fraternité et de joie. Nous levons nos verres, nous levons la coupe pour célébrer un baptême, un mariage, un anniversaire.

Durant la Cène, Jésus a rendu grâce à son Père sur la coupe. Et, en lien avec elle, il a évoqué le festin éternel: «Je vous le dis, jamais plus désormais je ne boirai du fruit de la vigne jusqu'à ce que vienne le Royaume de Dieu» (Lc 22, 18).

La coupe, qui réfère à la souffrance et à la mort, réfère donc aussi à la victoire sur la souffrance et la mort. En acceptant de boire la coupe que lui présentait son Père, Jésus ne s'est pas ménagé les souffrances, mais il s'est aussi gagné la résurrection.

À la messe, il nous est proposé de boire à la coupe du Christ, c'est-à-dire de participer à son sort: à sa mort qui a mené à sa résurrection.

38. La quête: un rite de trop?

Certaines personnes n'aiment pas trop la quête. Elles verraient d'un bon œil qu'elle soit supprimée. Cette préoccupation pour l'argent chaque dimanche, ce bruit des sous et cette odeur de piastres près de l'autel... ne vaudrait-il pas mieux s'en passer?

La quête viendrait troubler la prière. Elle nous décentrerait de l'essentiel. Elle serait un geste bien matériel et terre à terre au cœur d'une action qui devrait être toute spirituelle. Est-ce bien vrai?

La quête est un rite très ancien. Vers l'an 150, saint Justin en parle en ces termes:

«Ceux qui sont dans l'abondance et qui le désirent donnent comme ils l'entendent, chacun ce qu'il veut. On recueille ces dons et on les remet à celui qui préside. C'est lui qui assiste les orphelins et les veuves, ceux qui sont dans le besoin par suite de maladie ou pour toute autre cause, les prisonniers, les étrangers de passage; en un mot, il secourt tous ceux qui sont dans le besoin» (1re Apologie, c. 66.6).

On aura remarqué les derniers mots de cette citation. Ils donnent le sens profond de la quête: secourir tous ceux qui sont dans le besoin. Le jour où il n'y aura plus de gens dans le besoin, on pourra donc supprimer la quête! Mais ce n'est pas demain la veille.

Continuons à réfléchir. Pourquoi la quête? Parce qu'à la messe, on ne peut pas venir dire sérieusement à Dieu qu'on l'aime, sans en même temps montrer qu'on aime aussi son prochain. Parce qu'on ne peut se préoccuper de Dieu sans se préoccuper aussi des gens qui nous entourent. L'amour de Dieu ne va jamais sans l'amour des autres. La phrase célèbre de saint Jean doit être ici rappelée: «Celui qui n'aime pas son frère qu'il voit, ne saurait aimer le Dieu qu'il ne voit pas» (1 Jn 4, 20).

La quête vient donc donner de la vérité à la démarche que nous accomplissons en célébrant l'Eucharistie. Elle est un appel à l'authenticité. Elle est un merveilleux moyen de vérifier si notre amour de Dieu est bien réel.

Il faut tenir à la quête... chaque dimanche.

39. Le lavement des mains

Ce rite n'est évidemment pas à classer parmi les plus importants de la messe, mais il n'est pas dépourvu de signification. Aussi convient-il de s'y arrêter un instant.

Il est normal de se laver les mains avant de poser des gestes qui exigent une particulière propreté. Qui prépare un repas se lave les mains avant de se mettre à la tâche. On se lave les mains avant de se mettre à table. On évite de toucher à un objet précieux quand on a les mains sales.

Il n'est donc pas étonnant qu'au moment où il s'apprête à toucher au pain et au vin qui seront consacrés, le prêtre soit invité à se laver les mains. Ce geste s'imposait certainement d'une façon particulière à cette époque où l'on apportait au président de l'assemblée, non seulement le pain et le vin à consacrer, mais aussi des biens à consommer que les diacres distribuaient aux personnes dans le besoin. Il n'est peut-être pas sans utilité, aujourd'hui encore, lorsque le prêtre a encensé l'autel.

Depuis toujours cependant, le rite du lavement des mains a d'abord un sens spirituel. Il est accompli en signe de purification intérieure. À la fin du IIe siècle par exemple, saint Hippolyte demandait aux croyants de se laver les mains avant de prier ou de s'adonner à la lecture des Écritures.

L'eau est signe de purification. Pensons à l'eau du baptême et à ce merveilleux texte d'Ézéchiel qui annonce l'alliance nouvelle en ces termes: «Je verserai sur vous une eau pure, et vous serez purifiés. De toutes vos souillures, de toutes vos idoles je vous purifierai. Je vous donnerai un cœur nouveau, je mettrai en vous un esprit nouveau» (Ez 36, 25-26).

Bien que tous les fidèles puissent s'y associer, le rite du lavement des mains est destiné au prêtre. On comprend pourquoi. Dans quelques moments, il va agir au nom du Christ. Le lavement des mains lui rappelle l'effort à faire pour avoir un cœur semblable au sien, une intention droite comme la sienne.

En se lavant les mains, le prêtre prononce les paroles du verset 4 du psaume 50: «Lave-moi de mes fautes, Seigneur, purifie-moi de mon péché.»

La prière eucharistique

40. Au cœur du mystère, la prière eucharistique

Quand le pain et le vin ont été apportés à l'autel, le prêtre prononce sur eux une prière (la prière sur les dons). Cette prière demande habituellement que ce pain et ce vin deviennent le corps et le sang du Christ. Commence ensuite la prière eucharistique.

Cette prière est la plus importante de toutes celles de la messe. Elle est au cœur du mystère. Sans prière eucharistique, il n'y a pas de messe. Le soir de la Cène, Jésus prit du pain, puis il rendit grâce, c'est-à-dire qu'il prononça la prière eucharistique (cf. Mt 22, 19).

La prière eucharistique débute par une invitation à rendre grâce à Dieu:

— *Le Seigneur soit avec vous. — Et avec votre esprit.*

— *Élevons notre cœur. — Nous le tournons vers le Seigneur.*

— **Rendons grâce** *au Seigneur notre Dieu — Cela est juste et bon.*

Rendons grâce! Voilà les mots importants. Rendre grâce, c'est le but même de l'Eucharistie. Participer à l'Eucharistie, c'est rendre grâce au Seigneur du ciel et de la terre pour tous ses hauts faits: ceux d'hier, ceux d'aujourd'hui, ceux de demain.

Hier, Dieu a maintes fois libéré son peuple. Il l'a guidé en toute circonstance. Il lui a pardonné ses fautes à plusieurs reprises. Hier, Dieu a envoyé son Fils auprès de nous pour qu'il guérisse, relève, pardonne. Ce Fils, qui était passé chez nous en ne faisant que le bien, on l'a cloué à la croix et mis à mort. Mais, trois jours plus tard, il est ressuscité.

Aujourd'hui, Dieu poursuit son œuvre. Il éclaire, il guide, il pardonne, il sauve. Ceux qui croient en lui et en son Fils deviennent ses fils et ses filles. Il fait habiter l'Esprit Saint dans les cœurs. À tous, il offre la lumière et la vie éternelle.

Demain, ce sera l'accomplissement plénier des promesses divines. Ce sera le temps de la paix, de la vie qui ne finit pas, du face à face avec Dieu. Ce sera le temps du banquet céleste.

Tous les hauts faits de Dieu — ceux d'hier, d'aujourd'hui et de demain —, voilà ce que proclame la prière eucharistique!

41. Une prière bien structurée

Au moins une fois dans sa vie, on devrait prendre le temps d'examiner attentivement la prière eucharistique afin de découvrir quelle est sa structure. Comme point de référence, je suggère la 2e prière eucharistique qu'on trouvera dans un missel ou dans le *Prions en Église*. Voici comment elle est structurée.

1. **Le dialogue d'introduction.** — Tout commence par un dialogue entre le prêtre et l'assemblée. Ce dialogue invite à rendre grâce.

2. **La préface.** — Vient ensuite la préface. C'est la partie où l'on rappelle ce que Dieu a fait pour l'humanité. Elle met particulièrement en relief l'œuvre du Christ.

3. **Le Saint, saint, saint.** — Au terme de la préface, apparaît le Sanctus (le Saint, saint, saint) qui est un chant d'acclamation, d'adoration et d'action de grâce adressé au Père.

4. **L'épiclèse.** — Après le Sanctus, on trouve une prière appelée épiclèse (ce mot vient du grec: épi: sur; kaléô: appeler, invoquer). Elle fait appel à l'Esprit Saint pour que le pain et le vin deviennent corps et sang du Christ.

5. **Le récit de l'institution.** — Après l'épiclèse, se situe le récit de l'institution durant lequel le prêtre, au nom du Christ, prononce les paroles dites à la Cène.

6. **L'anamnèse.** — Une fois les paroles de la Cène prononcées, l'assemblée acclame le Christ, en rappelant le mystère de sa mort, sa résurrection et son ascension. Le mot anamnèse vient également du grec: il veut dire se souvenir, se rappeler.

7. **L'intercession.** — Après l'anamnèse, commence une série de demandes pour les membres de l'assemblée, pour l'Église, pour les vivants et les morts, etc.

8. **La doxologie.** — À la fin de la prière eucharistique, le prêtre rend de nouveau gloire au Père, par le Fils, dans l'Esprit. C'est la doxologie! Encore un mot grec (doxa: gloire; logos: parole).

9. **Amen!** C'est toute l'assemblée qui met le point final à la prière eucharistique en proclamant ou en chantant Amen! Elle marque ainsi son accord avec tout ce qui a été dit.

42. La prière de tous!

La prière eucharistique n'est pas la prière du prêtre seul; elle est la prière de toute l'assemblée. La preuve, c'est qu'en proclamant la prière eucharistique, le prêtre n'utilise pas le «je» mais bien le «nous».

Il ne dit pas: *Je* vais rendre grâce au Seigneur notre Dieu; mais bien: *Rendons grâce* au Seigneur notre Dieu. Il ne dit pas: *Je* vais élever mon cœur vers Dieu; il dit: *Élevons* notre cœur. Et il en est ainsi tout au long de la prière. Il suffit de relire la 2e prière eucharistique pour s'en convaincre. On y trouve les expressions suivantes:

Seigneur, *nous te prions*: sanctifie ces offrandes...

Proclamons le mystère de la foi...

Faisant mémoire... *Nous t'offrons,* Seigneur, le pain de la vie...

Nous te rendons grâce...

Humblement, *nous te demandons...*

Sur nous tous, enfin, *nous implorons* ta bonté...

Toujours le «nous» qui revient! Ce qui démontre à l'évidence que la prière eucharistique est la prière de tous ceux qui participent à la messe.

Le prêtre n'est pas séparé de l'assemblée. Il fait corps

avec elle et parle en son nom. Certes, il lui arrive de s'exprimer uniquement au nom du Christ: c'est le cas quand il prononce les paroles de la consécration. Mais, la plupart du temps, il s'exprime au nom de toute l'assemblée.

C'est donc l'assemblée entière qui rend grâce à Dieu, l'assemblée entière qui invoque l'Esprit Saint, l'assemblée entière qui présente ses demandes au Père.

Affirmer, comme on le fait parfois, que la prière eucharistique est réservée au prêtre n'est pas exact. Il est vrai que le prêtre proclame seul la plus grande partie de la prière eucharistique, mais il le fait au nom de tous. Cette prière n'est pas sa prière personnelle, elle est la prière de la communauté rassemblée.

C'est l'Église entière qui rend grâce au Père, par le Fils, dans l'Esprit. Et l'Église, c'est nous tous!

43. Une prière que le prêtre préside

La prière eucharistique est la prière de toute l'assemblée, pourtant seul le prêtre la préside. Tous participent à cette prière, mais pas au même titre ni de la même manière.

Il en fut ainsi à la Cène. À titre de président du repas, Jésus prononça lui-même sur le pain et le vin les traditionnelles prières d'action de grâce. Les apôtres manifestèrent leur adhésion par des acclamations, un peu comme nous le faisons encore aujourd'hui.

À la messe, il faut un président. Il faut quelqu'un qui symbolise le Christ et agisse spécialement en son nom. La messe est d'abord l'action du Christ. La prière eucharistique est d'abord prière du Christ.

Il appartient au prêtre de faire voir que le Christ est au milieu et à la tête de l'assemblée quand une Eucharistie se célèbre. Il a été «ordonné» pour remplir cette fonction.

Si donc il porte des vêtements particuliers pendant la messe, s'il prend la parole plus souvent que les autres, si l'énoncé de la plus grande partie de la prière eucharistique lui est réservé et s'il est seul à prononcer les paroles de la consécration, c'est pour que tous réalisent clairement que le Christ est là au milieu d'eux.

En accomplissant son rôle, le prêtre n'enlève rien aux

membres de l'assemblée. Il leur rend plutôt le service de leur faire percevoir qu'ils sont invités à mêler leur prière à celle du Christ. Il met en relief le fait que toutes les richesses de l'Eucharistie ont leur source dans le cœur du Christ.

Pour qu'une Eucharistie soit bien célébrée, il importe que chacun soit tout à sa tâche et que personne n'empiète sur la tâche de son voisin.

Au prêtre, donc, de présider la prière eucharistique! Aux membres de l'assemblée d'y prendre part de tout leur cœur, de toute leur âme, de tout leur esprit... par leurs chants, leurs répons, leurs gestes. Et même par leurs silences!

44. «Il est juste et bon de te rendre grâce»

« Vraiment, Père très saint, il est juste et bon de te rendre grâce, toujours et en tout lieu... »

C'est par ces mots que commence la deuxième prière eucharistique. Les autres prières eucharistiques, de même que les nombreuses préfaces qu'on trouve dans le missel, débutent de manière semblable.

Dans la vie, la façon dont les choses démarrent est toujours importante. Les débuts donnent le ton. Qui participe à une course se doit d'être attentif à la façon dont il prend le départ. Son départ peut décider de sa victoire ou de son échec. Dans la liturgie aussi les départs sont déterminants.

« Il est juste et bon de te rendre grâce... »

«Il est juste... », c'est-à-dire il est légitime, il est tout à fait convenable, il existe de bonnes raisons de rendre grâce à Dieu le Père. Ce premier mot de la prière eucharistique sera par la suite expliqué. La prière rappellera en effet les actions de Dieu envers l'humanité. Elle soulignera, en particulier, ce que le Père, le Fils et l'Esprit ont accompli pour les hommes et les femmes de tous les temps. La création, le don de la vie, l'Alliance, les pardons accordés tant et tant de fois, la venue de Jésus sur terre, ses guérisons du corps et de l'âme, sa mort, sa résurrection, son Eucharistie... tout cela est évoqué d'une prière eucharistique à l'autre. Et à cause de tout cela, le prêtre n'hésite pas à dire qu'il est « juste » de rendre grâce à Dieu.

Il ajoute que rendre grâce est aussi quelque chose de « bon », d'agréable, d'intéressant, de réjouissant, d'épanouissant.

L'enfant, qui vient d'être comblé par ceux qui l'aiment et qu'il aime, ne leur saute-t-il pas au cou pour leur dire merci?

La prière eucharistique invite à vivre une démarche semblable. On y parvient aisément quand on a le cœur et les yeux grands ouverts, quand on réalise jusqu'à quel point on est aimé de Dieu.

45. Nos chants nous rapprochent de toi

On dit parfois qu'à la messe, beaucoup de gens «décrochent» au moment de la prière eucharistique. Ils savent que cette prière se situe au cœur de l'Eucharistie, mais ils n'y entrent pas spontanément. C'est comme si leur cœur n'accrochait pas. Ce fait pose question. Pourquoi avons-nous tant de mal à rendre grâce? J'avance deux raisons, laissant à chacun le soin de les apprécier.

1. Nous passons beaucoup de temps à nous regarder nous-mêmes, surtout dans ce que notre existence peut avoir de pénible: nos petits soucis, notre manque d'argent, nos petits bobos, nos échecs... Nous passons aussi beaucoup de temps à considérer la face sombre du monde: violence, injustice, pluies acides, violations des droits de la personne...

Nos yeux ne voient presque plus le soleil qui se lève, la liberté qui nous est donnée, les fleurs qui poussent, les enfants qui naissent et grandissent, les adolescents qui se révoltent contre l'hypocrisie des grands, les petites gens qui se regroupent et s'entraident... puis tant et tant d'autres choses dont ne parlent presque jamais ni les journaux, ni la radio, ni la télé.

Or, pour entrer dans la prière eucharistique, il faut être capable de voir l'envers de ce qui ne va pas.

2. Nous n'avons pas beaucoup le sens de la gratuité.

Efficacité, productivité, rentabilité: voilà plutôt nos préoccupations.

La vie pour la vie! La vie sans rien faire d'autre qu'être en vie! Le chant pour le plaisir de chanter! Les causeries pour la joie de causer! Les mots agréables prononcés pour celui ou celle que l'on aime, simplement parce qu'on s'y plaît... Autant de choses qui se perdent ou apparaissent comme des pertes de temps.

Or, comment entrer joyeusement dans la prière eucharistique, sans être convaincu que Dieu est Dieu et qu'il vaut la peine d'être là, devant lui, uniquement pour l'admirer et le chanter? «Tu n'as pas besoin de notre louange, est-il dit dans une préface de la messe, et pourtant c'est toi qui nous inspires de te rendre grâce. Nos chants n'ajoutent rien à ce que tu es, mais ils nous rapprochent de toi» (*Préface commune,* n° 4).

La prière eucharistique, c'est du gratuit, c'est de l'amitié exprimée à Dieu en retour de l'immense amour qu'il a pour nous.

46. «Le ciel et la terre sont remplis de ta gloire»

Au terme de la préface (la préface est la première partie de la prière eucharistique), le prêtre évoque la présence des anges du ciel. Puis il invite l'assemblée à s'unir à eux pour chanter le *Saint, saint, saint.*

Cette merveilleuse acclamation s'adresse au Seigneur de l'univers et à celui qu'il a envoyé sur terre. Elle est composée d'un passage de l'Ancien Testament («Saint! Saint! Saint! le Seigneur, Dieu de l'univers! Le ciel et la terre sont remplis de ta gloire.» — Is 6, 3) et d'une phrase prononcée par la foule lors de l'entrée de Jésus à Jérusalem («Béni soit celui qui vient au nom du Seigneur.» — Mt 21, 9).

En nous unissant aux anges qui chantent éternellement la gloire de Dieu et de son Fils, le sanctus donne à notre messe une ampleur qui mérite d'être soulignée.

Nous savions déjà que la messe n'est pas que la prière de ceux et celles qui se rassemblent dans telle ou telle église; elle est la prière et la louange de l'Église entière répandue partout dans le monde. Dans le plus modeste lieu de culte, là où peut-être seulement quelques personnes inconnues du public se réunissent pour célébrer l'Eucharistie, toute l'Église est présente.

Le *Saint, saint, saint* élargit cette perspective en nous

faisant prendre conscience que l'Église qui célèbre n'est pas que celle de la terre. Elle est aussi celle du ciel. Anges et archanges, séraphins et chérubins, saints et saintes de Dieu, tous les élus sont de la partie.

S'il n'y avait pas le *Saint, saint, saint* nous aurions tendance à restreindre notre visée. Le *Saint, saint, saint* nous force à voir grand, à penser grand, à donner à notre action de grâce toute l'ampleur qu'elle doit avoir.

Les anges sont nos «compagnons liturgiques», écrit Jean-Jacques Allmen. Nous participons à leurs chants; ils prennent part aux nôtres. Grâce à eux, nos chants sont liés à ceux qu'éternellement, toute la cour céleste entonne à l'adresse de l'Agneau immolé qui est «digne de recevoir puissance et richesse, sagesse et force, honneur, gloire et bénédiction» (Ap 5, 12).

47. Il faut que l'Esprit s'en mêle

À deux reprises au moins, durant la prière eucharistique, on fait appel au Saint-Esprit. D'abord avant la consécration, quand le prêtre prononce des paroles semblables à celles-ci:

« Seigneur, nous te prions: sanctifie ces offrandes en répandant sur elles ton Esprit: qu'elles deviennent pour nous le corps et le sang de Jésus, le Christ, notre Seigneur » (Cf. *2ᵉ prière eucharistique*).

Puis après la consécration, quand le prêtre dit:

« Humblement, nous te demandons qu'en ayant part au corps et au sang du Christ, nous soyons rassemblés par l'Esprit Saint en un seul corps » (Cf. *2ᵉ prière eucharistique*).

Autrefois, il avait fallu l'Esprit Saint pour que le Christ prenne chair dans le sein de la vierge Marie. Aujourd'hui, il faut encore la force de l'Esprit Saint pour que le pain devienne le corps du Christ ressuscité et le vin, son sang.

Il faut aussi la présence et la force de l'Esprit Saint pour que nous tous, qui sommes réunis pour l'Eucharistie, nous devenions le corps du Christ !

Partout où quelque chose de grand s'accomplit au nom de Dieu, l'Esprit est là. Rien ne s'accomplit sans Lui.

Avec Lui, tout devient possible. Ce que touche l'Esprit se trouve consacré, sanctifié.

Parce qu'il est « saint », l'Esprit « sanctifie » ce qui est mis en contact avec Lui. Parce qu'en Lui réside la plénitude de Dieu, il peut transformer toute chose et toute personne en qui il vient habiter.

Certains pensent qu'il se passe quelque chose de magique quand le pain devient le corps du Christ et quand le vin devient son sang.

Il ne se passe rien de magique, mais il y a l'Esprit Saint qui passe !

L'Esprit fait toute la différence.

48. « Jésus prit du pain, puis le bénit »

Bénir! Voilà un mot-clé de la messe. Il faut s'y arrêter car il a deux sens et nous n'y portons pas toujours assez attention. On sait que ce mot a des racines latines (bene-dicere: dire du bien).

Le premier sens — celui auquel nous sommes le plus habitués — désigne une action qui va de haut en bas. Ceux et celles qui ont été scouts ou guides se souviennent des paroles qu'ils chantaient avant les repas: « Bénissez-nous, Seigneur. Bénissez ce repas, ceux qui l'ont préparé, et procurez du pain à ceux qui n'en ont pas. »

Le verbe bénir indique ici une action qui part de Dieu et vient atteindre les personnes qui prient de même que les mets qu'elles consommeront. Bénédiction descendante!

En liturgie, le verbe bénir a souvent un autre sens: ascendant, celui-là. Un exemple tiré de l'évangile est éclairant: celui où Jésus, s'adressant à son Père au terme d'une longue journée de prédication fructueuse, s'écrie: « Béni sois-tu, Père, d'avoir caché ces choses aux sages et aux savants, et de les avoir révélées aux tout-petits » (Mt 11, 25).

« Béni sois-tu! » Tourné vers son Père, Jésus le loue, lui adresse de bonnes et belles paroles, dit du bien à son égard, lui souhaite du bien. Il s'agit évidemment d'une action qui va de bas en haut.

Le verbe bénir — tout comme le mot bénédiction — renvoie donc à une action ascendante ou descendante. Autrement dit, il y a des bénédictions qui montent et d'autres qui descendent. Ces deux types de bénédictions s'appellent l'un l'autre. Aussi à la messe, quand des personnes bénissent Dieu, elles doivent s'attendre à ce que Dieu les bénisse à son tour.

C'est bien ce qui arrive. Après avoir apporté le pain et le vin à l'autel, nous bénissons Dieu pour ses innombrables bienfaits en proclamant la prière eucharistique. En retour, Dieu, par la puissance de l'Esprit Saint, bénit le pain et le vin, c'est-à-dire qu'il les consacre, les sanctifie, fait en sorte qu'ils deviennent le corps et le sang du Christ. Cette bénédiction s'étend jusqu'à nous quand nous communions au pain et au vin consacrés.

Nous avions béni Dieu, c'est lui qui, maintenant, nous bénit.

49. «Ceci est mon corps...»

Au cœur de la prière eucharistique, le prêtre redit les paroles que le Christ avait prononcées le soir de la Cène: *«Ceci est mon corps... ceci est mon sang...»*

Grâce à ces paroles, dans la force de l'Esprit Saint, quelque chose de merveilleux survient. Le pain devient le corps du Christ, le vin se change en son sang. Cela, la foi nous l'assure, mais nous ne pouvons pas le prouver. Croire, c'est justement ne pas avoir de preuve qu'une chose existe.

Nous croyons que le Christ nous est présent sous les signes du pain, du vin. Nous croyons qu'à la messe, le Christ se fait pour nous nourriture et breuvage, mais il nous est impossible d'expliquer de façon satisfaisante comment cela se produit. Dieu le sait; c'est son secret, c'est son mystère. Il y a pourtant dans la Bible des indices qui permettent d'entrouvrir la porte qui conduit à l'intelligence du mystère.

Rappelons-nous les premières lignes de la Genèse. Elles nous renseignent sur la puissance exceptionnelle de la Parole qui vient de Dieu. *«Dieu dit: Que la lumière soit! Et la lumière fut»* (1, 3). *Dieu dit: qu'il y ait un firmament...»* Et il y eut un firmament. Et il en fut ainsi chaque jour de la création. La parole de Dieu est efficace. Ce que Dieu dit, cela se fait.

Souvenons-nous maintenant des paroles du Christ, en

particulier de celles prononcées en faveur des malades.
«Lève-toi, prends ta civière et va dans ta maison.»
L'homme se leva et s'en alla dans sa maison (Mt 9, 6-7).
«Fillette, réveille-toi.» Aussitôt elle se leva et se mit à
marcher (Mc 5, 41-42).

La parole de Jésus a la force de celle de Dieu. Quand
il dit «Ceci est mon corps», le pain devient son corps.
Cela, les apôtres l'ont cru. Après eux, des millions de
baptisés l'ont cru. Aujourd'hui, c'est nous qui le croyons.

50. Regard contemplatif sur le pain

Dans le missel, qui fixe la manière de célébrer la messe, il est écrit que le prêtre doit « montrer au peuple l'hostie consacrée ». La même règle existe concernant le vin. Ce rite de l'élévation a pris naissance au XIe siècle et est devenu courant au XIIe.

On l'explique par le fait qu'à cette époque, les fidèles ne communiaient que très rarement. Se développa alors ce qu'on a appelé « le désir de voir l'hostie ». Si on ne pouvait manger le pain et boire le vin, on pourrait au moins fixer le regard sur eux. Beaucoup d'importance était attachée à ce rite. On disait qu'il avait valeur de communion spirituelle. Il fut un temps où plusieurs estimaient que, le jour où ils avaient pu contempler l'hostie, ils seraient préservés de toute maladie et de tout accident.

Une seconde raison peut être apportée pour comprendre l'élévation: elle est d'ordre théologique. Au XIe siècle, certains auteurs en vinrent à nier la présence réelle du Christ sous les signes du pain et du vin. Ce fut le cas de Bérenger de Tours (mort en 1088). En présentant le pain à la vénération des fidèles, on invitait donc à un acte de foi envers la présence eucharistique.

Ajoutons que l'insertion du rite de l'élévation après la consécration coïncide avec l'insistance sur le fait que le pain et le vin deviennent le corps et le sang du Christ au moment même où le prêtre prononce les paroles du

Christ à la Cène: «Ceci est mon corps. — Ceci est mon sang.» L'élévation suscite un acte de vénération bien légitime envers celui qui se rend présent sous les signes du pain et du vin.

Au moyen-âge, dans un de ses sermons, Berthold de Ratisbonne donnait une très profonde explication du rite de l'élévation. Elle est rapportée dans le premier des trois beaux livres que le Père Joseph-André Jungmann a consacrés à l'explication de la messe:

«En élevant l'hostie, le prêtre veut signifier trois choses: voici le Fils de Dieu qui, pour toi, montre ses plaies au Père céleste; voici le Fils de Dieu qui, pour toi, a été élevé sur la croix; voici le Fils de Dieu qui reviendra juger les vivants et les morts» (*Missarum sollemnia,* Aubier, 1956, T. I, p. 159).

51. L'acclamation au Christ

Il s'agit d'un rite qu'on retrouve dans certaines liturgies d'Orient. Il n'a été introduit dans la messe romaine qu'à la suite de la réforme du concile Vatican II. Il se situe immédiatement après la consécration, à ce moment où le prêtre invite l'assemblée à proclamer le mystère de la foi.

Le mystère de la foi dont il est question, c'est le mystère du Christ lui-même qui peut se résumer en trois points: sa mort, sa résurrection, son retour à la fin des temps. Jetons un coup d'œil sur les trois formules proposées pour cette acclamation au Christ.

Nous proclamons ta mort, Seigneur Jésus, nous célébrons ta résurrection, nous attendons ta venue dans la gloire.	Nous rappelons ta mort, Seigneur ressuscité, et nous attendons que tu viennes.	Gloire à toi qui étais mort, gloire à toi qui es vivant, notre Sauveur et notre Dieu: Viens, Seigneur Jésus.

Mort, résurrection, retour du Christ! Ces trois réalités se retrouvent dans chacune des trois acclamations. Elles signalent les trois dimensions fondamentales et nécessaires de l'Eucharistie.

L'Eucharistie nous réfère au passé: la mort de Jésus

sur le Golgotha. Elle indique une réalité actuelle: la présence du Christ ressuscité au milieu de nous. Elle annonce un événement futur: le retour en gloire du Fils de Dieu.

Passé, présent et futur se complètent et s'appellent l'un l'autre. Le Christ, qui est venu, vient encore vers nous aujourd'hui et il se manifestera dans toute sa splendeur à la fin des temps. Les richesses de la croix, méritées par le Christ autrefois, nous sont déjà communiquées, mais nous n'en jouirons en plénitude qu'au dernier jour.

La dimension eschatologique (c'est-à-dire qui concerne les derniers temps, qui fait référence au jour du retour du Christ) de l'acclamation au Christ mérite d'être soulignée, car nous la passons souvent sous silence. L'Eucharistie est tournée et nous tourne vers le retour du Christ. Avec tous les croyants, elle nous fait prier avec ces mots qui étaient constamment sur les lèvres des premiers croyants et qu'on trouve à la fin du livre de l'apocalypse: «Oh oui, viens, Seigneur Jésus!» (22, 20)

Il est bon de noter également que l'acclamation après la consécration s'adresse directement au Christ, ce qui est plutôt rare durant la messe. Cela ne se produit en effet qu'à trois reprises: au moment du rite pénitentiel (Seigneur, prends pitié; ô Christ, prends pitié...), au moment de la prière pour la paix (Seigneur Jésus Christ, tu as dit à tes apôtres...) et au moment de l'acclamation après la consécration.

52. « Vous ferez cela en mémoire de moi »

Ces paroles, le prêtre les prononce après avoir consacré le pain et le vin.

« *Vous ferez cela !* » En entendant ces mots, nous pensons immédiatement aux gestes et aux paroles du Christ, le soir de la Cène. Prendre le pain, le bénir en disant une prière d'action de grâce, le rompre, puis le donner à tous ceux qui étaient autour de la table, voilà ce que Jésus a fait. Et voilà ce que nous faisons à la messe, « en mémoire de lui ».

Il avait aussi béni et fait passer la coupe de vin d'un convive à l'autre. Nous le faisons aussi.

Une fois cela accompli, avons-nous réalisé tout ce que Jésus s'attend à ce que nous réalisions « en mémoire de lui »? Il faut répondre non. Car en posant les gestes qu'il a posés et en prononçant les paroles qu'il a prononcées, Jésus ne s'est pas contenté de donner du pain et du vin à ses amis, il s'est donné lui-même à eux. « Ce pain, c'est mon corps », a-t-il dit. « Ce vin, c'est mon sang. » En offrant aux siens le pain, puis le vin, c'est sa propre personne qu'il offrait !

Ce don n'était pas fictif! Il ne consistait pas qu'en de belles paroles! La preuve, c'est que, le lendemain du soir de la Cène, Jésus était cloué à une croix. Ce qu'il avait fait la veille, avec les signes du pain et du vin, il le refaisait maintenant sur la croix.

« Vous ferez cela en mémoire de moi! » C'est-à-dire: «Faites comme moi. Faites d'abord l'Eucharistie à l'église. Avec du pain et du vin, manifestez votre volonté de donner votre vie par amour. Puis, quand vous êtes sortis de l'église, continuez à donner votre vie à ceux qui vous entourent. Donnez-la, même si c'est dur parfois, même si ça fait souffrir. Que voulez-vous! On ne peut vraiment et profondément aimer sans affronter un jour la souffrance.»

« Vous ferez cela en mémoire de moi! » Une phrase exigeante, engageante. Elle nous invite à poser non seulement les gestes du jeudi saint, mais aussi ceux du vendredi saint. La Cène et la croix, ce fut tout un pour le Christ. Ça doit l'être pour nous aussi.

53. Mémoire et mémorial

Au cœur de la prière eucharistique, nous faisons mémoire de ce que Jésus a réalisé non seulement à la Cène mais aussi durant toute sa vie. Cette mémoire, ce souvenir a un sens très précis et une efficacité tout à fait particulière. Il faut en dire quelques mots.

Se souvenir, faire mémoire, c'est se rappeler une réalité, un événement ou une personne du passé. Je me souviens de ma chambre d'enfant, du jour où j'ai eu une jambe fracturée, de ma mère qui est morte il y a 10 ans.

Un tel souvenir peut n'avoir pratiquement aucune influence sur moi, mais il est possible qu'il en ait beaucoup. Je peux me souvenir d'une parole de mon père ou de ma mère qui influencera ma vie pour les années qui viennent.

À la messe, quand nous nous souvenons de Jésus et de ce qu'il a réalisé, c'est évidemment pour que ce souvenir ait de l'influence sur nos existences. Nous faisons mémoire de la vie de Jésus pour vivre comme lui.

Mais il y a plus. À la messe, en effet, quand nous faisons mémoire d'un événement passé, cet événement nous rejoint et nous affecte encore aujourd'hui. C'est comme si nous le faisions revivre, d'une certaine façon, pour y participer.

Un exemple, tiré de la Bible, peut nous éclairer. Quand

ils célébraient le repas pascal, les Juifs étaient conscients et convaincus que, grâce à ce repas, ils pouvaient eux-mêmes prendre part à la libération d'Égypte, et qu'il leur devenait possible de passer eux-mêmes de l'esclavage à la liberté. Ils croyaient fermement que le repas pascal leur avait été donné par Dieu pour qu'ils vivent, à leur manière, la pâque que leurs ancêtres avaient vécue.

Il en va ainsi à la messe. Quand nous faisons mémoire du Christ qui a dit «ceci est mon corps», il ne s'agit pas d'un «simple souvenir» qui renvoie au passé. Le pain devient le corps du Christ et nous pouvons nous en nourrir comme l'ont fait les apôtres. Quand nous nous souvenons du Christ qui s'est livré jusque dans la mort, cet acte de donation — qui est éternel — est comme réinséré dans le temps et le lieu où nous sommes, pour que nous puissions y prendre part.

Parce que le souvenir qui s'effectue à la messe est tout à fait particulier, nous l'appelons «mémorial».

54. «Nous t'offrons, Seigneur, le pain de la vie»

La messe est une offrande. Elle est l'offrande que le Christ fait de lui-même à son Père.

Sur la croix, Jésus s'est offert «une fois pour toutes», dit l'auteur de l'épître aux Hébreux (7, 27). Mais cette offrande perdure. À la droite du Père, Jésus le Ressuscité est en effet constamment en état d'offrande pour l'humanité. La messe actualise son offrande, elle la rapproche de nous, elle la met pour ainsi dire entre nos mains.

«Nous t'offrons, Seigneur, le pain de la vie et la coupe du salut», dit le prêtre.

Il ne suffit pourtant pas que nous offrions le Christ. Nous devons nous offrir avec lui. La deuxième prière eucharistique n'est pas très explicite sur ce point. On peut cependant citer d'autres textes qui disent les choses plus clairement.

Par exemple, dans la troisième prière eucharistique nous lisons ceci: «Nous présentons cette offrande vivante et sainte (c'est-à-dire le Christ) pour te rendre grâce... *Que l'Esprit Saint fasse de nous une éternelle offrande à ta gloire.* »

La deuxième prière eucharistique pour la réconciliation est également très belle: «Nous te présentons cette offrande qui vient de toi, le sacrifice qui nous rétablit dans ta grâce; *accepte-nous aussi, avec ton Fils bien-aimé.* »

Quant aux prières eucharistiques pour assemblées d'enfants, elles sont tout simplement merveilleuses. «Nous te présentons le pain de la vie et la coupe du salut, dit-on dans la première de ces prières. Il (le Christ) nous conduit vers toi, notre Père: nous t'en prions, *accueille-nous avec lui.* » La deuxième de ces prières doit également être citée. Elle s'exprime comme suit: «Le Christ s'est donné lui-même entre nos mains pour être maintenant *notre offrande et nous attirer vers toi* (notre Père). »

L'offrande «du Christ» devient donc «notre» offrande; et «notre» offrande se mêle à «la sienne». Elle devient sienne.

Nous sommes ici au cœur de la messe!

55. Par lui, avec lui et en lui

La prière eucharistique se termine de manière solennelle et impressionnante. Le prêtre prend dans ses mains le pain et le vin consacrés et il les élève vers le ciel en disant ou en chantant: *« Par lui, avec lui et en lui, à toi, Dieu le Père tout-puissant, dans l'unité du Saint-Esprit, tout honneur et toute gloire, pour les siècles des siècles. »*

Cette grande finale résume tout le sens de la prière eucharistique qui a pour but de rendre gloire à Dieu, de le bénir, de le louer, de l'acclamer, de lui rendre grâce pour ses innombrables bienfaits: ceux d'hier, ceux d'aujourd'hui et même ceux de demain.

Dans certaines prières eucharistiques (la troisième et la quatrième par exemple), avant de prononcer le « Par lui... », le prêtre rappelle que c'est par le Christ que « toute grâce et tout bien » nous sont donnés de la part de Dieu.

Tout vient donc du Père par le Christ et tout est destiné à retourner à lui par le même chemin. Ce don et ce retour ne sauraient cependant s'effectuer sans l'intervention de l'Esprit. C'est dans son unité que tout se réalise.

En entendant les paroles du « Par lui, avec lui et en lui... », on pense spontanément au Christ élevé de terre sur la croix. La croix a été ce lieu où le Fils s'est livré entièrement pour notre salut et pour la plus grande gloire du Père.

Cet acte perdure afin que nous puissions nous y unir. La messe le représente, nous le rend présent.

Entre l'offrande de la messe et celle de la croix, il y a cependant quelques différences. Sur la croix, le Christ s'est offert pour nous, mais nous n'étions pas présents. À la messe, il s'offre avec nous et nous nous offrons avec lui. Sur la croix, le Christ a rendu gloire à son Père, mais nous n'y étions pas. À la messe, il rend gloire avec nous et nous, avec lui. Sa louange devient la nôtre, la nôtre devient la sienne.

Tout s'accomplit «par lui, avec lui et en lui», car le Christ est le médiateur par lequel il faut nécessairement passer pour rejoindre le Père. Étroitement unies à celles du Christ, notre offrande et notre action de grâce prennent une valeur incomparable. Grâce au Christ, «par lui, avec lui et en lui», notre existence entière, de même que celle de l'humanité, devient «une éternelle offrande à la gloire» du Père.

56. Amen! le mot-clé de notre participation

Nous l'avons déjà signalé: à plusieurs reprises, durant l'Eucharistie, les membres de l'assemblée répondent Amen.

Amen est le mot-clé de notre participation. Dire ou chanter Amen, c'est adhérer à ce qui vient d'être proclamé, c'est signifier son accord avec ce qui s'accomplit, c'est reconnaître que ce que réalise l'Eucharistie est tout à fait bon et qu'on l'approuve.

Parmi tous les Amen que nous sommes invités à prononcer durant la messe, celui de la prière eucharistique est sans aucun doute le plus important. Aussi le prêtre prend-il soin de bien l'introduire en disant: «*Par lui,* c'est-à-dire par le Christ, *avec lui et en lui, à toi Dieu le Père tout-puissant, dans l'unité du Saint-Esprit, tout honneur et toute gloire, pour les siècles des siècles.*» À ces mots solennels et riches de sens, tout le peuple répond: Amen!

Amen! c'est-à-dire je suis et nous sommes tous d'accord avec ce qui vient de se passer durant la prière eucharistique.

Nous venons d'entendre des paroles qui rendent grâce à Dieu pour tout ce qu'il a accompli et accomplit encore en notre faveur par Jésus Christ. Amen! nous sommes d'accord!

Nous venons d'invoquer l'Esprit Saint sur le pain et le vin pour qu'ils deviennent le corps et le sang du Christ. Amen! cela s'est réalisé! Nous le reconnaissons et nous en témoignons dans la foi.

Nous venons d'acclamer le Christ, qui est mort et ressuscité, et qui vit maintenant à la droite du Père. Amen! nous nous réjouissons de cette victoire et nous y adhérons de tout cœur.

Nous venons de prier pour l'Église, pour le pape et tous les ministres. Nous avons aussi prié pour l'ensemble des croyants, pour les vivants et les morts. Prononcées par le prêtre, ces prières étaient celles de toute l'assemblée. Amen! Explicitement, nous les faisons nôtres.

Amen! Un mot exceptionnel. Nous l'utiliserons éternellement dans le ciel pour adorer le Père (Ap 5, 14; 7, 12; 19, 8) et rendre gloire au Fils et à l'Esprit. Nous nous y habituons, sur terre, en célébrant l'Eucharistie.

Le rite de la communion

57. La prière des enfants

Pour nous préparer à recevoir le pain consacré, nous commençons par réciter le Notre Père. Le Notre Père est la prière des enfants, la prière de ceux et celles qui se reconnaissent fils et filles de Dieu. «Si vous ne changez pas et ne devenez pas comme les enfants, a dit Jésus, vous n'entrerez pas dans le Royaume des cieux» (Mt 18, 3). Réciter le Notre Père, c'est manifester son désir de se faire un cœur d'enfant pour entrer dans le Royaume de l'Eucharistie.

Le Notre Père est une prière qui se préoccupe d'abord des affaires de Dieu le Père. «*Que ton nom soit sanctifié, que ton règne vienne, que ta volonté soit faite sur la terre comme au ciel.*» Comment pourrions-nous communier au corps du Christ sans avoir, comme lui, le souci des affaires du Père, sans exprimer notre intention de travailler aux affaires du Père?

Le Notre Père est aussi la prière qui demande *le pain de chaque jour*: ce pain qui nourrit le corps, sans doute, mais surtout celui qui nourrit le cœur, l'âme, l'esprit.

Il ne suffit pas de recevoir le pain eucharistique, il faut le demander. Ce pain-là, personne ne l'achète. Il est gratuit. Ce pain-là, personne ne le mérite non plus, en accomplissant ceci ou cela. Il est un pain dont on fait humblement la demande chaque jour, comme un enfant — chaque jour — demande à son père et à sa mère de lui donner à manger.

Le Notre Père est enfin la prière qui implore Dieu de nous «*pardonner nos offenses comme nous pardonnons aussi à ceux qui nous ont offensés*». Avant de s'approcher de l'Eucharistie, il convient de s'endimancher une dernière fois le cœur.

Quand nous avons vu aux affaires du Père, quand nous avons fait la demande du pain et quand nous avons prié pour le pardon de nos fautes, le pain peut nous être donné.

58. Un geste exigeant

«*Que la paix du Seigneur soit toujours avec vous*», dit le prêtre. Le peuple répond: «*Et avec votre esprit.*» Par la suite, le prêtre peut ajouter: «*Frères et sœurs, donnez-vous la paix.*» Il ne le fait pas toujours. L'échange de la paix est un rite laissé à la discrétion des communautés chrétiennes. Dans certaines paroisses, on s'échange la paix chaque dimanche. Dans d'autres, ce geste n'a lieu qu'aux grandes fêtes.

On comprend l'hésitation que l'on a parfois à inviter les fidèles à se tourner les uns vers les autres pour se serrer la main et se dire quelques mots. Les personnes qui viennent à l'église ne se connaissent pas beaucoup, ou même pas du tout. Elles ne se sont jamais parlé. Elles sont timides.

Il existe des gens qui ont changé d'église parce que, dans celle où ils étaient habitués à venir, on s'est mis à faire l'échange de la paix. On comprend: ce geste-là est parfois difficile à poser. Il est exigeant. Aller vers l'autre, se mettre à parler à un étranger n'est pas chose facile. L'échange de la paix a pourtant sa place dans la liturgie du dimanche.

La messe est le lieu où les chrétiens découvrent et reconnaissent qu'ils ont le même Père: qu'ils sont donc frères et sœurs. Il ne suffit pas que cela soit dit, il convient que cela soit aussi signifié. L'échange de la paix est un des beaux signes par lesquels nous manifestons que nous sommes enfants du même Père.

Il reste qu'il peut être parfois très exigeant de poser ce geste. Il requiert que l'on sorte de soi et que l'on considère l'autre comme une personne à respecter et à aimer. Dans certains cas, pour s'échanger en toute vérité le signe de la paix, il faudra avoir pardonné dans son cœur à celui ou celle vers qui on tend la main. Pas facile!

L'échange de la paix se situe quelques instants avant la communion. Rien de plus normal, car comment pourrions-nous d'un côté nous approcher du Christ et lui manifester que nous l'aimons, et de l'autre refuser de nous tourner vers ce frère ou cette sœur qui est à nos côtés? La parole écrite dans une épître de saint Jean nous juge: «Celui qui n'aime pas son frère, qu'il voit, ne saurait aimer le Dieu qu'il ne voit pas» (1 Jn 4, 20).

59. Le pain rompu

Pendant qu'on chante l'*Agneau de Dieu,* le prêtre fractionne l'hostie consacrée en trois morceaux. Ce geste, qui passe aujourd'hui presque inaperçu, avait autrefois beaucoup de relief. Les ministres et le président de l'assemblée se mettaient tous à l'œuvre pour fractionner les pains qui avaient été consacrés.

C'était à une époque où on utilisait encore du pain levé pour célébrer la messe. On le sait, l'usage de «petites hosties», confectionnées avec du pain azyme, date du XIIe siècle.

Quand les fidèles étaient nombreux à venir communier, la fraction du pain pouvait durer de longs moments. Pour soutenir l'attention de tous durant ce temps, on décida de chanter l'Agneau de Dieu aussi longtemps que se prolongeait la fraction du pain. Ce principe vaut toujours.

La fraction avait d'abord un but utilitaire: il fallait bien rompre les pains — qui étaient assez gros — pour que tous en aient un morceau! Mais elle avait aussi — et elle a encore — un sens symbolique.

Quand on voit le prêtre rompre le pain, il faut certainement penser au Christ qui, le soir de la Cène, «prit le pain, le bénit et le rompit». Il faut aussi se référer au merveilleux récit conservé dans l'évangile de saint Luc, qui nous raconte comment les disciples d'Emmaüs reconnurent le Christ «à la fraction du pain» (Lc 24, 13-35). Et il ne faut évidemment pas oublier ce texte de saint Paul qui écrit: «Il n'y a qu'un seul pain; aussi, bien que nous soyons nombreux, nous formons un seul corps car nous avons part au même pain» (1 Co 10, 17).

Dès les premiers siècles, en plus de se rappeler toutes ces paroles, les chrétiens se disaient que la fraction du pain était aussi le symbole de la passion et de la mort du Christ. C'est vrai! Le corps du Christ a été rompu comme on rompt du pain. Nous savons même que c'est à cause de ce geste-là, à cause de cet amour que le Christ nous a témoigné jusque dans la passion et dans la mort, que nous sommes devenus des enfants de Dieu capables, à nous tous, de former le corps du Christ.

60. Le corps et le sang réunis

Après avoir fractionné l'hostie qu'il a montrée aux fidèles au moment de la consécration, le prêtre en met un morceau dans le calice. Ce geste est riche de signification.

Un signe de résurrection

Quand le sang ne coule plus dans les veines d'une personne, c'est la mort! Aussi peut-on dire que, lorsque le pain et le vin (le corps et le sang du Christ) sont placés l'un à côté de l'autre, nous avons sous les yeux un signe de mort. Par contre, si le pain et le vin sont réunis, c'est un signe de vie que nous avons. Le geste de mettre un morceau de pain consacré dans le calice a donc pour but de manifester que le Christ, qui était mort, est maintenant vivant. Il est ressuscité!

Un signe de vie éternelle

En mettant un morceau de pain consacré dans le vin, le prêtre dit à voix basse cette prière: «*Que le corps et le sang de Jésus Christ, réunis dans cette coupe, nourrissent en nous la vie éternelle.*»

Son geste attire donc l'attention sur le fait que le corps et le sang réunis ne sont pas seulement signe de la résurrection du Christ, mais aussi source et cause de notre propre résurrection. «Qui mange ma chair et boit mon sang a la vie éternelle», a dit Jésus (Jn 6, 54).

Un signe d'unité

Un recours à l'histoire est également éclairant pour saisir le sens du geste posé. Autrefois, à Rome et ailleurs, on était très sensible au fait que l'Eucharistie est le signe premier et la source de l'unité des croyants. Aussi, le plus souvent possible, les prêtres célébraient-ils l'Eucharistie avec leur évêque. Le dimanche, c'était cependant impossible, car ils devaient présider l'Eucharistie au sein des communautés dont ils avaient la responsabilité. Comment faire alors pour signifier cette unité qui doit exister entre l'évêque, les prêtres et les diverses communautés chrétiennes? À Rome, on décida que, chaque dimanche, des ministres iraient participer à la messe solennelle qui avait lieu à la cathédrale. Là, on leur remettait une partie du pain consacré par le pape. Ce pain était par la suite apporté aux prêtres qui le mettaient dans leur calice. Merveilleuse façon de faire voir concrètement que l'Eucharistie est le sacrement de l'unité! Le geste qu'accomplit aujourd'hui le prêtre est un vestige de cette pratique.

61. L'agneau de Dieu

Pendant la fraction du pain, l'assemblée chante l'«agneau de Dieu». Au moment de présenter le pain consacré, le prêtre reprend les paroles de Jean-Baptiste: «Voici l'agneau de Dieu qui enlève le péché du monde» (Jn 1, 29). L'agneau dont il est question est évidemment le Christ.

En entendant ces paroles du Baptiste, les premiers chrétiens ont spontanément pensé à l'agneau pascal, signe de salut pour ceux qui vivaient dans l'esclavage d'Égypte. On s'en souvient: du sang d'agneau avait été répandu sur le linteau et les montants des portes des membres du peuple de Dieu. Ainsi, ces gens furent-ils épargnés de la colère de Dieu (Ex 12, 27). Dieu ne frappait pas là où il voyait du sang.

Quand on leur parlait de l'agneau de Dieu, les chrétiens des origines se référaient aussi à ce passage du livre d'Isaïe qui met en scène un Serviteur souffrant, sauveur d'une multitude de personnes à cause de ses souffrances et de sa patience. Ce Serviteur, Isaïe le compare à un agneau (Is 53, 7). Très vite, on comprit qu'il était l'image du Christ mort en croix.

Pour le repas pascal, les Juifs faisaient cuire un agneau. Au moment fixé, il était mangé, en rappel de la pâque d'autrefois et pour accueillir le salut toujours offert par Dieu.

Dans son évangile, saint Luc souligne la volonté qu'a eue Jésus de célébrer la pâque. «Allez nous préparer la pâque, dit-il à ses disciples, pour que nous la mangions» (Lc 22, 8). Il parle aussi du pain et du vin, nécessaires pour ce repas. Mais il ne souffle pas un mot de l'agneau.

On devine aisément pourquoi. Jésus n'a plus besoin d'agneau; *il est l'agneau*! Par sa souffrance, son agonie, sa patience et sa mort vécues dans un immense amour, il est devenu l'agneau qui nous sauve.

Croire à l'agneau, c'est croire au salut. Acclamer et chanter l'agneau, c'est acclamer et chanter le sauveur. Accueillir l'agneau, c'est accueillir le salut.

62. Le pain donné

Les fidèles ne prennent pas eux-mêmes le pain consacré, ils le reçoivent du prêtre, du diacre ou d'un ministre auxiliaire qui le leur donnent.

Il en fut ainsi à la Cène. C'est Jésus qui présenta le pain et le vin aux siens. C'est lui qui les leur donna.

L'Eucharistie est un don. On ne la prend pas soi-même, on la reçoit d'un autre. Prendre soi-même le pain et le vin consacrés pourrait laisser entendre qu'on a des droits sur ces dons; ce qui n'est pas le cas. L'Eucharistie est un bien divin auquel personne n'a droit et sur lequel personne n'a de prise, si ce n'est le Christ lui-même qui le distribue en toute liberté et en toute générosité.

Le don que le Christ fait aujourd'hui est le même qu'il fit à la Cène et sur la croix. Le pain donné est son corps livré, source de salut.

Qui reçoit le pain reçoit le salut, parce qu'il accueille le Sauveur qui se rend présent sous le signe du pain. Le don du pain est un geste de tendresse, d'amour et de miséricorde de la part du Christ qui veut faire entrer dans son intimité ceux qui croient en lui.

La Trinité entière est impliquée dans le don du pain, signe de salut. Il y a le Père d'où le salut origine. Il y a le Christ par qui le salut s'accomplit. Et il y a l'Esprit en qui le salut est donné.

« La donation du pain, écrit Franz J. Leenhardt, est le baiser du Père. »

Aucun don n'est plus précieux que celui du pain, car le pain est le corps du Christ « livré pour nos fautes et ressuscité pour nous rendre justes devant Dieu » (Rm 4, 25).

Grâce au don du pain et dans le don du pain, Jésus nous fait don de lui-même comme il l'a fait à la Cène, comme il l'a fait sur la croix. Et il nous redit la parole adressée au bon larron: « Aujourd'hui, tu seras avec moi en paradis. » Le pain donné est un pain d'éternité.

63. Tendre les mains vers l'Eucharistie

Au IVe siècle, saint Cyrille, évêque de Jérusalem, donnait ces conseils à ceux qui allaient recevoir le pain consacré: «Lorsque tu t'avances, ne marche pas les mains grandes ouvertes devant toi, les doigts écartés, mais fais de ta main gauche un trône pour la droite qui doit recevoir le Roi; puis recourbe en creux la paume de celle-ci et prends possession du Corps du Christ en disant: Amen.»

Ce geste proposé par le saint évêque Cyrille ne doit-il pas inspirer notre propre façon de nous approcher pour la communion?

On ne peut quand même pas recevoir l'Eucharistie n'importe comment! Tenue, dignité, respect, humilité s'imposent. C'est le Fils de Dieu et de Marie qui vient vers nous! C'est le corps du Ressuscité qui sera déposé dans nos mains!

Le geste auquel invite Cyrille de Jérusalem, c'est le geste du pauvre qui tend tout son être vers Celui qui lui apportera toute richesse. C'est le geste du croyant, convaincu qu'il ne peut pas grand-chose par lui-même, et qui implore sur lui la venue de l'Esprit du Ressuscité. C'est le geste du chrétien qui, se sachant fragile, demande à être nourri de ce pain grâce auquel il pourra vivre selon l'évangile.

Avant de recevoir le pain consacré, le communiant

voit le prêtre ou un autre ministre le lui présenter en disant: «*Le Corps du Christ.*» Il répond: «*Amen.*»

Amen! c'est-à-dire «Oui, Seigneur, je reconnais que tu viens vers moi et te donnes à moi sous le signe du pain».

Amen! «Oui, Seigneur, je t'accueille en te disant que je veux t'aimer de tout mon cœur, de toute mon âme et de toutes mes forces.»

Amen! «Oui, je veux marcher avec toi et bâtir avec toi le Royaume.»

Amen! «Oui, je veux être ton disciple et donner ma vie, comme toi, pour la paix et le salut du monde.»

64. Le pain reçu

Recevoir le pain et s'en nourrir sont des gestes tout simples, mais combien significatifs.

Une remarque s'impose ici. Habituellement, quand nous mangeons du pain, ce pain se transforme en notre être, il devient nous. Ce qui se passe pour le pain consacré est tout différent. C'est nous qui devenons lui! En effet, quand nous nous nourrissons du pain qui est le corps du Christ, ce n'est pas le Christ qui devient nous, c'est plutôt nous qui, en toute vérité, devenons son corps.

Par le pain qu'il nous donne, le Christ nous entraîne en lui. À ce sujet, saint Augustin a des paroles d'une très grande justesse et d'une grande beauté. Il écrit ceci: «Ce pain que vous voyez sur l'autel, une fois sanctifié par la parole de Dieu, est le corps du Christ. (...) Si vous l'avez bien reçu, vous êtes vous-mêmes ce que vous avez reçu» (Sermon 227).

Devenir le corps du Christ implique une transformation de notre part. On est le corps du Christ quand on pense comme le Christ, quand on agit comme lui, quand on marche dans son sillage. Le pain reçu a pour but de nous emporter à la suite du Christ. Il vise à nous faire vivre de l'esprit de la Cène et de l'esprit de la Croix. Il tend à nous introduire dans le mystère du don, vécu par Jésus à la Cène et sur la Croix.

«Ce pain, c'est mon corps donné pour vous. — Ce

vin, c'est mon sang versé pour la multitude», avait dit Jésus (Mt 22, 19; Mc 14, 24).

Recevoir le pain, le vin, c'est s'engager à redire pour soi ces paroles en toute vérité, c'est accepter, librement et avec joie, de mener une existence semblable à celle du Christ.

On ne se nourrit pas de pain uniquement pour son contentement, et surtout pas pour mettre sa vie en sécurité. On s'en nourrit pour risquer sa vie, pour la donner. Qui a reçu le pain de l'Eucharistie en toute vérité devrait être en mesure de dire avec l'apôtre Paul: «Avec le Christ, je suis fixé à la croix: je vis, mais ce n'est plus moi, c'est le Christ qui vit en moi» (Ga 2, 20).

65. Devenir le corps du Christ

Répétons-le: il ne suffit pas de *recevoir* le corps du Christ, il faut *le devenir*. Le corps du Christ nous est donné pour que nous devenions son corps! Tel est l'enseignement de l'apôtre saint Paul qui écrit: «Bien que nous soyons nombreux, nous formons un seul corps car nous avons tous part au même pain» (1 Co 10, 17).

Communier au pain consacré, ce n'est pas seulement se rapprocher du Christ, c'est aussi se rapprocher de tous ceux que le Christ aime. Communier, ce n'est pas seulement ouvrir son cœur au Christ, c'est l'ouvrir aussi à tous ceux qui sont les amis du Christ. Communier, ce n'est pas seulement rechercher l'intimité avec le Christ, c'est la rechercher aussi avec tous ceux qui, en Jésus, sont nos frères et nos sœurs.

Après avoir reçu le pain eucharistique et s'en être nourri, il est normal et louable que chacun se recueille et ferme les yeux pour prendre conscience que le Christ habite en lui, mais on ne peut s'arrêter là. Il faut aussi prendre conscience qu'un même pain nous est donné à tous pour que nous devenions tous des «copains»!

Après avoir communié, il est souhaitable que chacun demeure un moment seul à seul avec le Christ, mais on ne peut en rester là. Toute rencontre avec le Sauveur doit nous stimuler à aller à la rencontre de tous ceux-là en qui il vit.

«J'avais faim, et vous m'avez donné à manger. J'avais soif, et vous m'avez donné à boire. J'étais étranger, et vous m'avez accueilli chez vous...» (Mt 25, 35).

Une très ancienne prière, contenue dans un livre qu'on appelle *la Didachè,* exprime très bien le sens de la communion quand elle dit:

«Comme ce pain rompu autrefois disséminé sur les collines a été recueilli pour ne plus faire qu'un, ainsi soit rassemblée ton Église des extrémités de la terre dans ton royaume.»

Communier, c'est poser un geste d'Église! C'est bâtir l'Église: l'Église qui est là vivante dans ma paroisse, l'Église qui est mon diocèse, l'Église qui est partout répandue dans le monde... l'Église qui est le corps du Christ.

66. Le pain partagé

Il n'est pas bon de manger seul son pain. Le pain est destiné à être partagé. «Partage ton pain avec celui qui a faim», dit l'Écriture (Is 58, 7).

Qui a beaucoup de pain doit beaucoup partager. Qui en a peu doit partager ce qu'il a. Tel est l'enseignement qui parcourt la Bible. Le pain reçu est un pain à partager.

Le pain — le peu de pain qu'il avait à sa disposition —, Jésus le partagea un jour entre tous ceux qui étaient venus l'entendre. Ils étaient au-delà de quatre mille (Mt 15, 39). Le pain qu'il tenait entre ses mains le soir de la Cène, il le partagea aussi. Puisque ce pain était son corps, c'est son corps qu'il partagea.

Il partagea tout. Tout ce qu'il avait, tout ce qu'il était.

L'Eucharistie est un lieu de partage. Elle est un lieu où l'on reçoit pour donner. S'il nous est beaucoup donné à la messe — il nous est donné le corps du Christ —, c'est pour que nous donnions beaucoup à notre tour.

On nous parle souvent des biens que nous possédons en abondance, alors que des gens autour de nous n'ont rien. Il est certain qu'il faut partager ce qu'on a. Mais Jésus n'a pas partagé que ses biens. Il a partagé son corps. C'est sa propre personne qu'il a donnée.

On se donne soi-même quand on aime, quand on pardonne, quand on se rend attentif aux paroles qui nous sont dites en toute intimité, quand on se laisse déranger, quand on se met au service des autres sans être avare de son temps.

Même à Judas, le Christ a offert une bouchée de pain. Il signifiait par là que le partage doit être sans limite. Il disait par là qu'aucune personne ne doit être exclue de notre partage.

C'est pour la multitude — c'est-à-dire pour tous les hommes et toutes les femmes de toute la terre et de tous les temps — que le Christ a partagé sa vie. En nous faisant don du pain consacré, il nous rend capables d'un geste semblable.

Qui reçoit le pain eucharistique — et le mange — s'engage à partager.

67. Pain de la veille ou pain d'aujourd'hui?

Dans la *Présentation générale du missel romain* — ce document qui fixe les normes selon lesquelles on doit célébrer la messe depuis la réforme du concile Vatican II —, au numéro 56, il est écrit ceci:

> «Il est très souhaitable que les fidèles reçoivent le Corps du Christ avec *des hosties consacrées à cette messe même* et, dans les cas prévus, qu'ils participent au calice, afin que même par ses signes, la communion apparaisse mieux comme la participation au Sacrifice actuellement célébré.»

Ce souhait n'est pas toujours suivi et il est facile de comprendre pourquoi. «Que le pain ait été consacré à la messe de la veille ou à celle à laquelle je participe présentement, qu'est-ce que cela change? disent certaines personnes. N'est-ce pas le même Christ dans un cas comme dans l'autre?» Il faut par ailleurs reconnaître que la façon de faire privilégiée par le document romain complique un peu l'existence aux prêtres et aux sacristains. Il est en effet plus commode d'avoir une «bonne réserve» d'hosties à portée de la main que de s'efforcer, à chaque messe, d'évaluer le nombre probable de communiants.

Ces raisons sont pourtant à courte vue. Car ce qui importe, quand on célèbre l'Eucharistie, ce n'est pas de faire le plus pratique possible, mais bien de tout mettre en œuvre pour que tout ait le plus de sens et soit accompli avec le plus de vérité possible. Dans cette perspective, la question des hosties, consacrées la veille ou à la messe à laquelle on participe, prend toute son importance.

La messe est une célébration qui implique plusieurs actions au sujet du pain (et du vin): apport du pain, action de grâce sur le pain, communion au pain. Ces trois actions s'appellent l'une l'autre et forment un tout. Le pain, apporté *aujourd'hui* par les membres de l'assemblée, est consacré *aujourd'hui* par l'Esprit, pour que les fidèles participent *aujourd'hui* au sacrifice d'action de grâce de Jésus et se nourrissent de son corps et de son sang. Communier au pain qui vient d'être consacré, c'est donc manifester sa participation à ce que les membres d'une assemblée sont en train de vivre. Ce lien avec l'actualité de l'action eucharistique est moins évident quand on offre aux communiants des hosties consacrées lors d'une messe précédente.

Le Christ n'a pas offert à ses disciples un pain sur lequel il avait rendu grâce la veille. Nous sommes invités à l'imiter.

68. Aurions-nous peur du silence?

À plusieurs moments de la messe, il convient de garder le silence: avant les oraisons que prononce le prêtre, par exemple, après les lectures ou encore à la suite de l'homélie. Et, cela va sans dire, un silence particulièrement dense s'impose après la communion.

Regardons d'ailleurs la plupart des fidèles. Une fois qu'ils ont reçu le pain eucharistique et sont retournés à leur place, ils s'agenouillent spontanément et, la tête enfouie dans leurs mains, ils font silence.

On les comprend. Ils viennent d'accueillir le Ressuscité, eux qui ont reconnu ne pas être dignes de le recevoir. Ils viennent de se nourrir d'un pain qui donne la vie éternelle, eux qui sont mortels. Ils viennent d'ouvrir leur cœur au Saint des saints, eux qui sont pécheurs. Quoi de mieux à faire, alors, que d'entrer en silence? «Après la communion, est-il écrit dans la Présentation générale du missel romain, le silence permet la louange et la prière intérieure» (n° 23).

Silence d'après la communion! Silence de recueillement. Silence d'intimité avec le Christ. Silence de contemplation et d'adoration. Silence inspiré par celui de Marie qui portait en elle le Fils de Dieu.

Il arrive que le silence de l'après-communion ne soit pas respecté, ou qu'il soit si bref qu'on ait à peine le temps de s'y abreuver! Dix, quinze secondes... ce n'est que le temps requis pour entrouvrir la porte du royaume du silence.

Aurait-on peur du silence? Il est vrai qu'il est dangereux. C'est dans le silence que Dieu travaille les cœurs. C'est dans le silence que les résistances les plus tenaces à la grâce fondent. C'est dans le silence que les décisions de suivre généreusement le Christ se prennent.

Le jour où les assemblées chrétiennes oseront s'enfoncer longuement dans le silence de l'après-communion, peut-être se passera-t-il des choses qui ne se sont encore jamais passées.

Attention au silence! Il peut tout changer.

69. Dernière prière

Le *rite d'ouverture* de la messe se termine par une prière qui aide à prendre conscience que nous sommes rassemblés au nom de Jésus pour vivre ensemble une action importante. Cette prière met habituellement en relief le mystère particulier de la vie du Christ, célébré tel ou tel jour.

Au terme de la *liturgie de la Parole,* se place la prière universelle. Elle a pour but de sensibiliser les participants aux besoins des membres de leur communauté, de même qu'à ceux de l'Église et de l'humanité entière. Elle implore les bienfaits de Dieu sur tous ceux et celles qui habitent sur terre.

L'apport des dons, par lequel débute la liturgie eucharistique proprement dite, s'achève lui aussi par une prière par laquelle, au nom de toute l'assemblée, le président demande la transformation du pain et du vin au corps et au sang du Christ.

Il n'y a donc pas à s'étonner qu'au moment où la messe s'achève, le prêtre prononce une dernière prière: *la prière après la communion.*

Cette prière est généralement structurée en deux temps. Elle fait d'abord rappel des bienfaits que nous avons reçus en communiant au pain (et au vin). Elle demande ensuite que la communion porte en nous tous les fruits qu'elle peut produire. Par exemple:

— «Donne-nous de pouvoir te servir par une vie qui te plaise» (*1er dimanche ordinaire*).

— «Pénètre-nous de ton esprit de charité» (*2e dimanche ordinaire*).

— «Que l'aliment reçu nous fasse progresser dans la vraie foi» (*4e dimanche ordinaire*).

— «Accorde-nous de vivre tellement unis dans le Christ que nous portions du fruit pour le salut du monde» (*5e dimanche ordinaire*).

— «Accorde-nous de te rendre témoignage non seulement avec des paroles, mais aussi par nos actes» (*9e dimanche ordinaire*).

On le voit, la messe est rythmée par plusieurs prières qui viennent clore chacune de ses étapes. La prière après la communion mérite assurément une attention particulière. Elle est comme ces derniers mots adressés à une personne aimée qu'on va quitter. Des mots à garder au fond du cœur pour les jours qui suivent.

70. La liturgie eucharistique: dans l'action de grâce, un échange entre Dieu et son peuple

Le mouvement de la liturgie eucharistique est très simple et peut être schématisé comme suit:

II. Prière eucharistique

I. Apport des dons   III. Communion
(L'humanité offerte à Dieu)   (Dieu offert à l'humanité)

I. Il y a d'abord l'*apport du pain et du vin,* fruits de la terre et du travail des personnes qui l'habitent.

Par l'apport de ces dons, l'assemblée chrétienne manifeste sa volonté de passer en Dieu et de faire passer en lui l'humanité entière. C'est là le premier temps d'une offrande qui trouvera son sommet au cœur de la prière eucharistique. Une telle offrande passe nécessairement par les mains du Christ et ne peut se réaliser sans la présence active de l'Esprit Saint.

II. Sur les dons présentés, le prêtre proclame la *prière eucharistique* à laquelle toute l'assemblée s'unit. Rappel des merveilles de Dieu envers son peuple et imploration pour que l'Église demeure dans l'unité, cette prière demande la transformation du pain et du vin pour qu'ils deviennent corps et sang du Christ. Elle est le lieu par excellence de l'offrande du Christ et de son Église.

III. Accueillant l'offrande qui lui est faite, le Père redonne aux siens, en communion, le pain et le vin qui lui ont été présentés. Mais ils sont transformés! Ils ont en effet été envahis par l'Esprit. Ils sont maintenant signes du Ressuscité offert en nourriture et boisson.

En apportant ses dons à l'autel, l'assemblée avait manifesté son désir de passer en Dieu. C'est maintenant Dieu qui manifeste sa volonté d'habiter au cœur de ceux et celles qui l'aiment.

La liturgie eucharistique est donc une liturgie d'échange et de communion, vécue dans l'action de grâce.

Quatrième partie

Le rite d'envoi

71. La bénédiction finale

La messe est terminée. Les fidèles vont maintenant retourner à leurs occupations. Les derniers mots, sur lesquels le prêtre et les participants à l'Eucharistie se quittent, sont à la fois brefs et denses.

« Le Seigneur soit avec vous », dit le prêtre. *« Et avec votre esprit »,* répond l'assemblée. La même formule avait été prononcée au début de la messe. Elle soulignait la présence du Ressuscité auprès de ceux qui se réunissent en son nom. Reprise au terme de la célébration, elle réaffirme avec plus de force encore la présence de Jésus auprès des siens. Ceux qui sont venus à la messe se sont en effet rapprochés sacramentellement de lui. Ils ont mangé son pain, bu son sang. Le prêtre leur souhaite de continuer à vivre en présence de leur Sauveur.

Puis vient la bénédiction finale. *« Que Dieu tout-puissant vous bénisse, le Père, le Fils et le Saint-Esprit. »* Un signe de croix accompagne ces paroles.

Au moment de retourner vers son Père, Jésus avait béni ses disciples qu'il quittait (Lc 24, 50).

Dans la vie courante, nous avons nos formules de bénédiction: « Salut! Bonne chance! Porte-toi bien! » Elles souhaitent du bonheur et du bon temps à ceux qu'on aime.

La bénédiction finale de la messe implore la protection du Père, du Fils et de l'Esprit sur ceux qui se dispersent. Elle demande que demeurent en eux les dons qu'ils ont reçus, pour qu'ils continuent à vivre de l'esprit de l'Eucharistie qu'ils viennent de célébrer.

Le signe de la croix tracé sur eux est impressionnant. En le traçant lentement, le prêtre ne demande-t-il pas à la Trinité de faire en sorte que ces hommes et ces femmes, venus à la messe, soient protégés par la croix, et qu'ils quittent l'église en emportant, pour bagages, toutes les richesses de la croix?

Pour ceux qui croient au Christ, c'est de la croix que naissent la joie, la paix, le pardon, l'amour, l'unité, l'espérance.

72. Allez!

« Allez, dans la paix du Christ. » Ce sont les derniers mots que le prêtre prononce à la messe. À juste titre, on a souvent souligné qu'ils n'ont pas uniquement pour but de mettre un point final à l'action liturgique en renvoyant chacun chez soi. Ils sont aussi un envoi.

— Vous qui venez d'entendre la Parole de Dieu, pourrait dire le prêtre, vous qui venez de méditer et d'acclamer l'enseignement du Christ, allez maintenant les mettre en pratique. Allez témoigner de ce que vous avez entendu et de ce que vous croyez.

— Vous qui êtes venus rendre grâce à Dieu le Père, vous qui avez reconnu que le créateur du ciel et de la terre ne cesse d'accomplir des merveilles dans le monde et dans les cœurs, allez! Retournez dans vos maisons, allez là où vous travaillez chaque jour, ouvrez les yeux pour découvrir le Seigneur qui, mystérieusement, transforme le monde et ceux qui l'habitent. Allez! et vivez dans l'action de grâce. À ceux et celles qui désespèrent, dites la beauté du monde et faites voir le sens de la vie. Vous avez célébré le sacrement de l'action de grâce, vivez maintenant dans l'allégresse.

— À la messe, vous vous êtes rappelé que le Christ a donné sa vie par amour et vous avez reconnu que ce don était à imiter. Vous avez reçu le pain eucharistique, vous avez communié au corps et au sang du Christ; et vous savez qu'on ne peut communier au corps et au sang du Christ sans prendre part à son destin. Maintenant, allez! Allez donner votre vie comme il a donné la sienne. Allez vivre pour les autres comme il vous en a donné l'exemple. Allez aimer, allez pardonner, allez semer partout l'espérance.

— À la messe, tantôt, vous avez prié pour la paix, vous avez demandé à Dieu de répandre ses bienfaits sur tous ceux qui peinent et souffrent. C'était bien; la prière est indispensable et elle porte en elle-même son efficacité. Maintenant, vous avez à aider Dieu à accomplir ce que vous lui avez demandé. Allez donc! Allez soulager ceux qui peinent. Allez réconforter ceux qui souffrent. Allez bâtir la paix.

— Oui, allez! la messe à l'église est terminée. C'est maintenant la messe en plein monde qui commence.

73. C'est vital!

Assez fréquemment, on demande si la messe du dimanche est toujours obligatoire. On peut répondre par une histoire. Une histoire vraie. Cela se passe à Abitène, en Tunisie. Nous sommes au début de février de l'an 304. Quarante-neuf chrétiens (31 hommes, 18 femmes) sont arrêtés par les forces de l'ordre. L'accusation? Ils se sont réunis illégalement le jour du soleil — c'est-à-dire le dimanche — et ils ont célébré l'Eucharistie ensemble. Le 12 février, ils subissent leur procès à Carthage devant le proconsul Anulinus.

Une jeune vierge, Victoria, est interrogée: «Pourquoi as-tu désobéi à la loi, toi, une jeune fille que tous ont en haute estime?» Sa réponse est d'une simplicité désarmante. «J'ai été à l'assemblée parce que je suis chrétienne.» Pour elle, un chrétien, ça va à la messe le dimanche. On ne discute pas cela, c'est une évidence.

On interroge ensuite Saturninus, qui est prêtre. En sa qualité de prêtre, ne devait-il pas donner l'exemple? Pourquoi ne s'est-il pas soumis à l'édit impérial? Il répond avec clarté: «Nous les chrétiens, nous devons célébrer le jour du Seigneur. C'est notre loi.» Dans la vie, il y a des lois tatillonnes. D'autres sont loin de l'être. Elles pointent le doigt sur des valeurs importantes. C'est certainement en ce sens que Saturninus dit du rassemblement dominical: «C'est notre loi.»

Enfin, on questionne Émeritus, un homme dans la force de l'âge chez qui les chrétiens se sont rassemblés. Il savait qu'il risquait gros en agissant comme il l'a fait. Mais pourquoi l'a-t-il fait? Sa réponse est splendide. « Je ne pouvais pas fermer ma porte à mes frères chrétiens, parce que nous, les chrétiens, NOUS NE POUVONS PAS VIVRE SANS CÉLÉBRER LE JOUR DU SEIGNEUR. » Autrement dit, le jour du Seigneur, la messe du dimanche, c'est vital!

La réponse d'Émeritus est à relire, à méditer, à garder en mémoire.

Le 13 février 304, quarante-neuf chrétiens et chrétiennes furent mis à mort. On les a appelés les martyrs du dimanche. Y en a-t-il beaucoup parmi nous, ces années-ci, qui risqueraient leur peau pour la messe du dimanche?

Table des matières

Présentation 5

PRÉLUDE

1. Comme un repas de famille 11
2. Tout commence par le son des cloches 13

Première partie

LE RITE D'OUVERTURE

 3. «Accueillez-vous les uns les autres» 17
 4. La chasuble et l'étole 19
 5. Le rouge, le vert, le blanc 21
 6. L'autel 23
 7. Le signe de la croix 25
 8. Et avec votre esprit 27
 9. Au Père, par le Christ, dans l'Esprit 29
10. Endimancher son cœur 31
11. «Le plus beau chant chrétien parvenu jusqu'à nous» .. 33
12. Un chant qui donne le ton 35
13. N'oublions pas de chanter 37
14. Amen 39
15. Le rite d'ouverture: un temps pour se rassembler,
    se recueillir et entrer en prière 41

Deuxième partie

LA LITURGIE DE LA PAROLE

16. Un Dieu qui parle 45
17. Dieu parle... savons-nous écouter? 47
18. Trois lectures 49
19. Comme un écho 51
20. Alléluia 53
21. Debout pour l'évangile 55
22. Le front, les lèvres et le cœur 57
23. «Louange à toi, Seigneur Jésus» 59
24. Une Parole efficace 61
25. «C'est aujourd'hui que cette parole s'accomplit» ... 63
26. De la Genèse à l'Apocalypse 65
27. Pour tout le monde! 67
28. La liturgie de la Parole: un dialogue entre Dieu et
    son peuple 69

Troisième partie

LA LITURGIE EUCHARISTIQUE

29. Les deux tables 73
30. Les quatre temps de la liturgie eucharistique 75

L'apport des dons 77

31. Il prit du pain 77
32. Merveilleux échange 79
33. Du pain azyme 81
34. Le pain de l'assemblée 83
35. Il y a aussi le vin 85
36. L'eau mêlée au vin 87
37. La coupe 89
38. La quête: un rite de trop? 91
39. Le lavement des mains 93

La prière eucharistique 95

40. Au cœur du mystère, la prière eucharistique 95
41. Une prière bien structurée 97

42. La prière de tous! 99
43. Une prière que le prêtre préside 101
44. «Il est juste et bon de te rendre grâce» 103
45. Nos chants nous rapprochent de toi 105
46. «Le ciel et la terre sont remplis de ta gloire» 107
47. Il faut que l'Esprit s'en mêle 109
48. «Jésus prit du pain, puis le bénit» 111
49. «Ceci est mon corps...» 113
50. Regard contemplatif sur le pain 115
51. L'acclamation au Christ 117
52. «Vous ferez cela en mémoire de moi» 119
53. Mémoire et mémorial 121
54. «Nous t'offrons, Seigneur, le pain de la vie» 123
55. Par lui, avec lui et en lui 125
56. Amen! le mot-clé de notre participation 127

Le rite de la communion 129

57. La prière des enfants 129
58. Un geste exigeant 131
59. Le pain rompu 133
60. Le corps et le sang réunis 135
61. L'agneau de Dieu 137
62. Le pain donné 139
63. Tendre les mains vers l'Eucharistie 141
64. Le pain reçu 143
65. Devenir le corps du Christ 145
66. Le pain partagé 147
67. Pain de la veille ou pain d'aujourd'hui? 149
68. Aurions-nous peur du silence? 151
69. Dernière prière 153
70. La liturgie eucharistique: dans l'action de grâce,
    un échange entre Dieu et son peuple 155

Quatrième partie

LE RITE D'ENVOI

71. La bénédiction finale 159
72. Allez! 161
73. C'est vital! 163

Imprimerie des Éditions Paulines
250, boul. St-François Nord
Sherbrooke, QC, J1E 2B9

Imprimé au Canada — Printed in Canada